JN247807

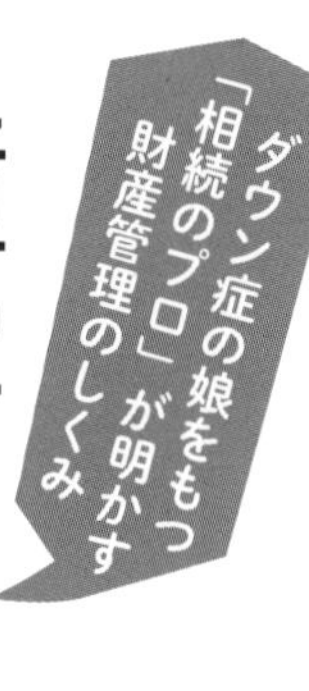

障害のある子が「親なき後」も幸せに暮らせる本

杉谷範子 監修
司法書士法人ソレイユ代表

鹿内幸四朗 著
一般社団法人日本相続知財センター本部専務理事

大和出版

はじめに

「娘の養護学校でセミナーをするのでPTA役員さんとの企画会議に参加して」

2018年の夏、鹿内幸四朗さんから、呼び出しがかかりました。

鹿内さんのお嬢さんはダウン症で、養護学校のPTA役員をしていた奥様が、鹿内さんにセミナー講師を務めるようお願いされたのでした。

鹿内さんは長年、「自分と妻が亡くなっても、娘が快適に暮らせるようにするには、どうやって財産を管理すればいいのか」という問いの解答を求めていました。私は司法書士という立場でご夫妻の相談に乗っていた関係もあり、その企画会議に加わることになりました。

日本では、判断能力（事理弁識能力）が乏しいとされると、成年後見制度を利用し「後見人」をつけなければ契約等が交わせなくなります。後見人といえば、認知症の高齢者の話と思われがちですが、知的障がいがある子も、成人すると「後見人」をつけなければならない問題に直面することがあります。

しかし、この成年後見制度の運用は柔軟性に乏しく、家族が後見人になることは難しくなっています。そのため、障がいのある子の場合、成人し、親が親権を失うと、親がわが子の財産を管理できなくなる可能性があるのです。

さらに成人年齢は、2022年4月から、現行の20歳から18歳に引き下げられます。鹿内さんご自身も「18歳成人」というニュースを受け、娘のためにのこされた時間が、あとわずかしかないことにハッとし、大急ぎで対策を実行に移さなくてはならないと考え始めたそうです。

同級生の親御さんは、成年後見制度の実態もご存じないでしょう。多くの方が「本当のこと」を知ったらきっと慌てふためき、わが子の将来について不安になるに違いありません。セミナーで、「本当のことを話すこと」は、パンドラの箱を開けるかのような行為。結果的に、不安をあおるだけになっては……と、私たちはかなり戸惑いました。そこで思い切って企画会議で、ＰＴＡ役員さんたちに、この悩みを投げてみました。すると、

「私たちも参加者も本当のことを知りたい。鹿内さんの体験を話してください」

と、皆さんキッパリとおっしゃったのです！

思い起こせばこの企画会議が、今回本書でご紹介する「親心後見」の出発点でした。障がいをもつ子の親御さんは、子どもの将来に漠然とした不安を抱えていらっしゃいます。その不安をひとつでも解消するには、正確な情報を得て、それぞれの家庭において真に必要なことを見極め、「できることから始める」ことが大切です。この本には、「本当のこと」に向き合った鹿内さんが、豊富な知識をもとに実際にやってみて「できたこと」が詰め込まれています。鹿内さんご夫妻が身をもってチャレンジした「親心後見」は、子どもの親自身が将

来後見人になるという、それまでに類を見ない内容でした。

この内容に、深い理解と共感をもって、快く対応してくださった公証人の鳥本喜章先生、多くの文献を提供していただいた元公証人の弁護士仙波英躬（ひでみ）先生を始め、多くの方々のお力添えで、親御さんたちに一筋の光が差し込みました。

皆様に心からの感謝を捧げます。

〃18歳〃が「成年」になる日まで、あと、わずかしかのこされていません。全国の親御さんには、後悔のないように、「できること」から取り組んでいただきたいと切に願っています。

司法書士法人ソレイユ代表

杉谷範子

＼本書で紹介する／

障がいのある子のために 親がしておくべき財産対策

あなたのお子さんは今いくつですか？　親が親権を行使できる未成年のうちにやっておいたほうがいい対策と、それ以降でも間に合う対策とがあります。

子どもが成人になる前からやっておきたい

□親心後見

夫婦たすき掛けで取り交わす任意後見契約。成人後、子どもの財産管理を親が安心して行うことができる。

➡ P62

□とりあえず遺言

夫が万が一早く亡くなったときに備えて、公正証書遺言を作成しておく。➡ P104

□予備的遺言

想定される相続人が、万が一、先に亡くなってしまった場合に備えて。

➡ P109、133

□通帳、マイナンバーカード、印鑑登録証明書

今すぐ！

成人後のさまざまな財産に関する手続きをスムーズに行うために、成人前に用意しておきたい。

➡ P36

＼2022年4月1日以降は18歳以上が成人になります／

□任意後見契約

妻が認知症になったり、死亡したりしたときに備えて。 ➡P143

□家族間での信託契約

妻が年老いてきたら。認知症になっても、子の生活が滞らないように。 ➡P144

□尊厳死宣言

妻の死に際でも、のこされる障がいのある子に負担がかからないように。 ➡P146

□死後事務委任契約

妻が亡くなったあとで、葬儀、墓等の事務処理をやらなくてもいいように。 ➡P151

□遺贈寄付

最後に子にのこされた財産を社会的意義の活動に使うために。 ➡P157

子どもが成人になってからでもOK

□生命保険信託

夫が亡くなったあと、妻の財産を守り、妻と障がいのある子が暮らしていくために。 ➡P99

□任意後見契約

夫が認知症になったり、死亡したりしたときに備えて。 ➡P128

□家族間での信託契約

夫が年老いてきたら。認知症になっても、妻がスムーズに財産を引き継げるように。 ➡P129

□財産管理等委任契約

任意代理契約とも。妻の身体が不自由になったときに備えて。 ➡P140

CONTENTS

第2章

成人前にやっておきたい 夫婦で子の未来を作る「新しい財産管理のしくみ」――39

CONTENTS

本文デザイン／酒井一恵
本文イラスト／かねまつかなこ
校正／渡邉郁夫
構成／浅田牧子
編集協力／オフィス201
（小川ましろ）

第1章

30年後、私たちが死んだらうちの子はどうなる？

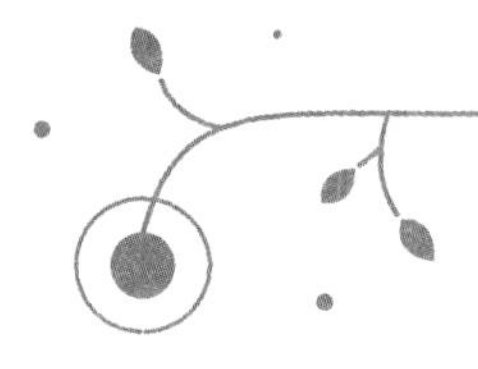

娘の誕生。喜ぶ間もなく途方に暮れた16年前の私たちへ

16年前、私は妻の初めての出産に寄り添っていました。陣痛に苦しむ妻の背中やお腹を30時間以上さすり続け、手のひらがひりひりと痛かったのを覚えています。

生まれたのは、3684gもある、大きな赤ちゃん。女の子でした。

ところが、精根尽き果て、ほっとひと息ついていた私を、医師が手招きして呼びました。そして、私はその場で医師からこう言われたのです。

「ダウン症だと思います」

▼18歳になったとき、娘はどう成長するのか？

「ダウン症って、何ですか？」

医師の説明は、よく覚えていません。けれども、私は自分の子どもが生まれたその日

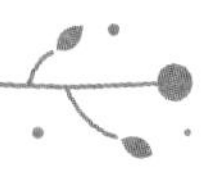

に、泣き崩れたことだけは覚えています。人は、この世のものとは思えないほど涙を流すと、頭が痛くなることを知りました。

家に帰ると、私はインターネットで「ダウン症」を検索しました。すると、当時住んでいた北海道札幌市の職場のそばに、ダウン症協会があることを知ったのです。

翌日、そのビルを訪ねたのは、夕方5時をまわっていて、窓口は閉まっていました。

「書類がいっぱいあるから、好きなものを持って行ってください」

守衛さんが、置いてある印刷物を指さしながら、親切に声をかけてくれました。

たまたま手にしたのは、北海道の小鳩会の会報誌。ページをめくると、高校3年生のダウン症の子どもの自筆の作文が載っていました。

「修学旅行に行った。東京ドームに行った。楽しかった」

娘は、18歳のときにこういう文を書くのか……。

ダウン症。正式にはダウン症候群。染色体の21番目が、健常者よりも1本多い3本（トリソミー）になることが原因で、知的な遅れや、先天性の心臓疾患、消化器の疾患、免疫系・内分泌の不全などを引き起こすことがあります。現在では、認知も広まり、また

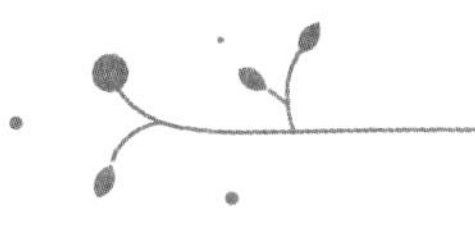

医療も発達し、さまざまな支援制度も整い、社会がこの障がいを生まれつきの特性として捉えるようになってきました。

しかし当時、私たち夫婦にはほとんど知識がなく、断片的な情報を頼りにわが娘の未来を思い描こうにも難しく、途方に暮れました。このままマンションから飛び降りたらラクになるかもと思ったこともありました。しかし、娘の泣き声でわれに返り、自分に与えられた役割を果たそうと気持ちを奮い立たせました。

▼娘を守るために始まった、お金と法律の研究

最初に頭をよぎったのは、「自分が死んだら、妻と娘はどうなるのだろう」という恐怖感でした。この子は、自立して生きていくことが難しいだろう。夫婦2人なら何とかなるかもしれないが、私が死んだら……。妻だけで娘を守ることはできるだろうか。

当時私は、札幌の会計事務所のマネージャーをしていました。相続税などお金の計算をすることが仕事だったこともあり、世のなかのほとんどのことはお金で解決がつくと考えていたように思います。**娘の誕生は、私が初めて「世のなかにはお金で買えないも**

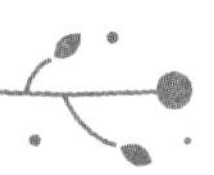

のがある」と、気づかされた出来事でした。

けれども、いつまでも泣いているわけにはいきません。妻は憔悴しきっています。生まれたばかりの娘の面倒を見ながら、２人で相談し、ひとつずつ問題点をクリアしていこうということになりました。

まず行ったのは、夫婦の役割分担です。私は、自分の得意分野であるお金や法律制度を、妻は療育や病気などについて担当することにしました。これは、とてもうまくいったと思います。妻は、育児のかたわらダウン症協会などに行っては、よそのお母さんから話を聞き、娘が元気に成長できるように、できるかぎりの情報を集めました。

一方、お金や法律制度を担当した私が、真っ先に考えたのは、住まいです。**私は、札幌の住宅地にある最新設備が整ったマンションの上層階を購入しました。**高層マンションであれば資産価値も下がりにくいと考えたためです。住宅ローンには団体信用生命保険をつけることになっているので、私が死ねばローンは自動的に返済され、妻と娘は一生、このマンションに住むことができます。

次に考えたのは、お金です。保険会社に勤めている知り合いに教わり、最高額の生命

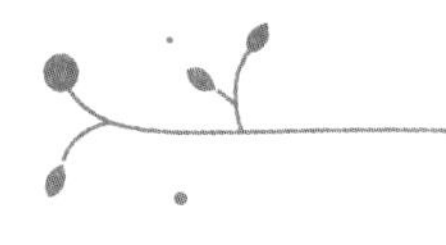

保険に入りました。これで、自分が死んでも、妻子が路頭に迷うことはなくなる、そう思ったのです。

▼知識さえあれば悩まなくても済んだのに

家を買い、自分が死んだあとの保険金も確保した私は、次に、遺言(ゆいごん)のことを考えました。これからの人生で、自分は何がしかのお金を蓄えることができるだろう。だとしたら、蓄えられたお金をすべて妻子に渡せるようにしたいと思ったからです。

当時、私は遺言を作るには弁護士に相談しなくてはいけないと思っていました。

そこで、何人かの弁護士に相談したのですが、40～50年先まで見通した私の思いを100パーセント叶えてくれる弁護士には出会えませんでした。

思えば、あれが私のターニングポイントだったかもしれません。私が出した結論は、「自分でやらないとだめ」と、いうことでした。

私は、自分で法律を調べ、制度を調べ、娘のために最善の方策を考え続けました。

その結果わかったのは、障がい者に関する制度や法律には、じつにさまざまな「理不

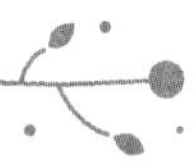

尽」がまかり通っているということでした。

会計事務所に勤め、人よりもお金や法律については詳しかった私ですが、それでも、16年間の「研究」には、意外な発見がたくさんありました。そして、その発見のほとんどは、**私たち障がい者の親が知らなくてはならないこと、知らないと損をすることだと気がついたのです**。そのとき、私はふと思いました。

「だけどこれ、皆、知らないんじゃないだろうか」

そこで皆さんにはこれから、私が16年かけて調べ、試行錯誤を重ねて学んだこと、障がい者の親が知らなくてはならないことをお話ししていこうと思います。なお、本書での「障がいのある子ども」とはダウン症や自閉症などの知的障がいのある子どもを対象としています。

振り返ると、あのとき、私たち夫婦がこれだけのことを知っていたら、あれほど泣いたり悩んだりすることもなかったのに。そんな気がしています。**私が16年前の自分に会うことができたら、「そんなに悩まなくても大丈夫」と、声をかけるでしょう**。今、悩んでいるお父さん、お母さんたちにも、同じ言葉をかけたいと思います。

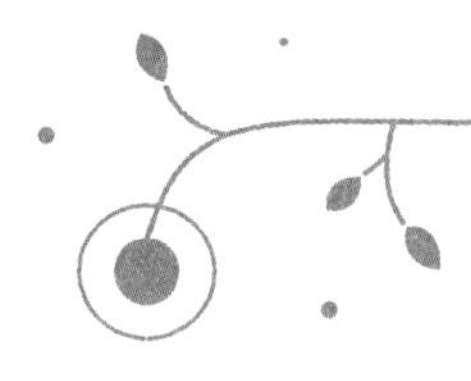

子どもが成人したら、「子どもの財産を守る権利」が失われる

民法には「親権」という権利があります。**親権とは、一般に親が、成年に達しない子どもに対してもつ権利です**。民法の条文では、「親権を行う者は、子の利益のために子の監護及び教育をする権利を有し、義務を負う」とされています。また、「親権を行う者は、子の財産を管理し、かつ、その財産に関する法律行為についてその子を代表する」と定められています。

つまり、子どもが成人するまでのあいだ、親権をもつ親には、子どもを守り育て、子どもの財産を管理するなど、親としての義務と権利が定められているのです。

▼障がい者の親でも、親権は20歳※まで

では、子どもが成人すると、どうなるでしょうか。

※2022年4月1日から親権は18歳まで

親権は消滅し、義務も権利も失われます。成人すれば、自分の行動に責任を取り、財産を管理する能力があると考えられているからです。このため、成人した子どもの預貯金などは、たとえ親であっても勝手に引き出すことはできなくなります。

ところが、知的障がい者の場合、必ずしもこれが当てはまらない場合があります。例えば、20歳を過ぎても、自分の名前も書けないとか、コミュニケーションが取れないことを、**民法では「事理を弁識する能力を欠く」という言葉を用いて表します**。

注意が必要なのは、民法上、このように判断能力のない成人には、その人を守るために「後見人」が必要となる、ということです。

親なのだから、子どもを守る権利を主張すればいいと思いがちですが、親権はあくまで、「子どもが成人するまで」のもの。障がい者も例外ではありません。親権を失うと、財産管理等の権利も失います。

このため、**障がいのある子どもが成人し事理弁識能力がないと判断されると、契約等が必要な場合に後見人をつけて財産管理等の権利を渡さなければなりません**。そうなれば親は、「子どもの財産を親の采配で子どもに使う権利」を失ってしまうのです。

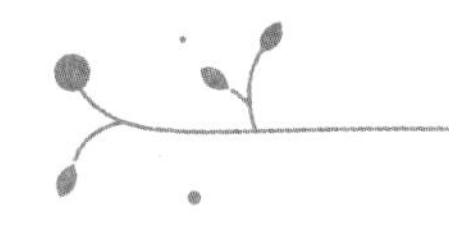

▼成人した子どもに判断能力がないと見なされたら

後見人は、財産管理等に関して親よりも強い権利を有します。障がいのある子どもを大切に育て、誰よりも愛し、理解しているはずの親が、成人を境に子どもの財産を子どものために使う権利を失います。子どもが成人し、子ども自身が財産の手続きをしなければならなくなったとき、この問題は浮上します。預貯金の引き出しなどをする場合には本人の意思確認が必要になります。例えば親が何らかの事故や病気で倒れ、子どもの面倒が見られなくなり、障がいのある子が1人で手続きにのぞんだ際、銀行から後見人を求められることがあるのです。

あとで詳しく述べますが、成人以降に後見人をつける場合、親や親戚が選ばれる可能性は低いのが現状です。**親は、子どもの通帳などを見ず知らずの後見人に渡し、子どもの生活や財産が、死ぬまでその人に管理されることになります**。親が子どもにしてやりたいことでも、後見人が「不要」と判断すればできません。子どものために積み立てたお金を、親も子どもも自由に使うことができなくなります。信じがたいことですが、こ

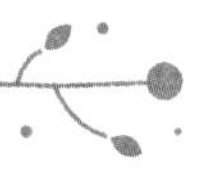

れが、今の日本の障がい者を取り巻く「後見制度」の現状なのです。

▼親権を行使できるうちに、対策を打つ必要がある

では、親は最愛の子どもを守る権利をもち続けることはできないのでしょうか。

それには、子どもが成人になる前に、対策を打っておく必要があります。子どもが未成年のうちなら、親には親権という強力な武器があり、その武器を使えば、赤の他人が後見人になることを防げるからです。

事理弁識能力が失われてから法律にのっとって家庭裁判所が後見人を選ぶ制度を「法定後見」といいます。一方、事理弁識能力があるうちに将来に備えて後見人を自分で決める制度を「任意後見」といいます。障がいのある子の場合は、成人以前なら親が親権を行使して「任意後見」で後見人をつけることができますが、成人以降、事理弁識能力がないと判断されてから後見人をつける場合には、「法定後見」しか選べません。

第2章以降で詳しく説明していきますが、皆さんにはぜひ、現状をしっかり理解したうえで、最善の選択をしていただきたいと思います。

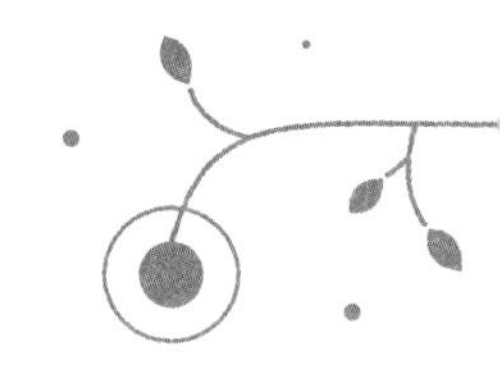

30年後、「8050問題」が発生する

「8050（はちまるごーまる）問題」という言葉があります。ひきこもりなどで自立できない子どもを長年世話し続けてきた親が高齢になり、子どもを支えられなくなる問題です。8050とは、80歳の親が50歳の子どもを世話することを表しています。

日本人の寿命が伸びたとはいえ、80歳を過ぎれば体力も気力も衰えます。いつまで子どもの世話ができるのか。この先認知症になるなどして親自身に介護が必要になるケースもあります。

▼老障介護、親がぼけたらどうなる？

8050問題は、障がいのある子どもを育てる親には、切実な課題です。

娘が生まれたとき、担当した医師は私に言いました。

「娘さんは、きっと20歳までしか生きられません」

この言葉にカッとして、私は医師の胸ぐらをつかんだ覚えがあります。

現在は医学の進歩により、ダウン症の人の平均寿命が伸びていて、50～60歳ぐらいだといわれています。30歳になると後退、つまり老化が始まり、50～60歳前後で亡くなる方が多いと聞いています。**親とほぼ同時期に老化と寿命を迎える可能性があるということです**。

今、50歳の親が20歳の子を世話している家では、30年後、ほぼ確実に「老障（ろうしょう）介護」になります。年老いた親が、障がいのある子どもの介護をするのです。親はいつまで健康で、介護をし続けられるでしょうか。自分たちが80歳になっても元気で子どもの世話ができるという保証は、どこにもありません。

そこで必要なのは、将来を冷静に見据えたシミュレーションです。例えば、親が年老いて子どもの面倒を見られなくなったとき、誰に頼るのかを考えてみましょう。

兄弟姉妹がいる家では、「兄弟姉妹が見るのが当たり前」と考える親もいれば、「兄弟姉妹には負担をかけたくない」と思う親もいるでしょう。また、やさしい妹がいて、「大

丈夫、お姉ちゃんの面倒は、私が見るから」と、言ってくれるかもしれません。

果たして30年後、自分の家庭をもち、子育てに忙しい妹は、本当に姉の面倒を見てくれるでしょうか。**どんなに妹がやさしくても、自分の子どもが受験生であれば、「うちだってたいへんなのよ」と言わざるを得なくなるかもしれません**。

さらに、同世代のいとこ（親から見ると、自分の兄弟姉妹の子ども）がいれば、「うちの子、お願いね」と、声をかけたくなるかもしれません。

けれども、注意が必要なのは、そのいとこがどんなに親身に世話をして、うちの子の最期を看取ってくれたとしても、**「いとこはうちの子の法定相続人ではない」ため、遺産の取り分はないということです**。

だからこそ、いとこに余計な心理的負担をかけてはいけません。私は、自分の甥や姪に、安易に「うちの子の面倒を見てね」などと言うべきではないと、思っています。

では、いったい誰に託せばいいのか……。

現実的にはたいへん難しい問題ですが、まずは親が亡くなったあとのことまで冷静にシミュレーションし、頼らずともやっていけるような対策を立てることが重要です。

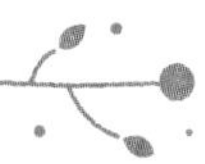

▼障がい者の親には障がい者の親なりの終活がある

残念なことに、私がこんな話をしても関心を示してくれない親御さんもいます。とくに、仕事で忙しいお父さんなどのなかには、「俺は当分元気だよ」「そんな先のことを言われてもわからない」「面倒くさい」と言い、先送りにしてしまう人が多いのです。

そのまま何もせずに30年経ち、突然、ぽっくり亡くなってしまったら、どうなるでしょう。80歳の妻は、50歳の子どもを抱えて途方に暮れてしまうでしょう。

私の死後、のこされる妻と娘を守る対策は、元気なうちに私がしておかなくてはならないと考えました。

障がい者の親には、障がい者の親なりの終活があります。

わが子の行く末は、親以外は他人事。かつて私が、何軒もの弁護士事務所をまわり、何人もの弁護士に相談して得た結論は、「親自身が知恵を絞り、行動に移すしかない」ということです。

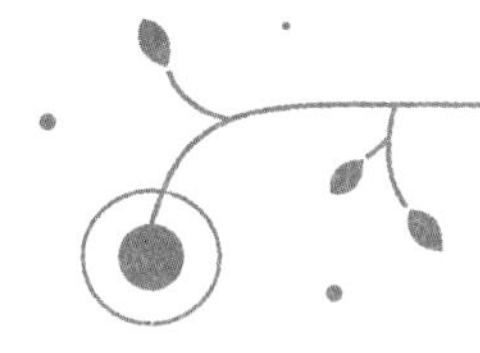

障がい者の親は絶対にあきらめてはいけない

これまで、障がい者とその親の置かれた状況についてお話ししてきましたが、これからは順を追って、私たち夫婦についてお話ししていこうと思います。

その前に、ひとつ、皆さんの頭に入れておいていただきたい言葉があります。それは、アメリカの有名な神学者で、多くの政治家にも影響を与えたラインホルド・ニーバののこした「ニーバの祈り」という言葉です。ここには言霊が宿っていると思います。

▼ニーバの祈りが教えてくれたこと

とくに、私が心のなかで何度もくり返し、行動の指針としてきたのが、次のような冒頭の言葉です。

神よ、変えられないものを受け入れる冷静さ

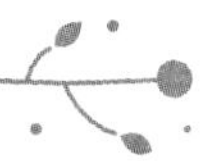

変えられるものを変える勇気
そのふたつを見分ける知恵を与えてください。

障がいがあることは、「変えられないもの」。どうしようもないことです。どうしようもなければ、じたばた苦しむだけ無駄。受け入れるしかないでしょう。

また、うちの子が、私たち夫婦の子であることはもちろん、兄弟姉妹や両親、義父母など、家族同士の関係も、変えることはできません。加えて今、自分が生きる日本の法律も、1人の力では、簡単に変えることはできないでしょう。このように、どんなにあがいても変えられないことは、冷静に受け入れることにするのです。

一方で、法律は変えられなくても、この法律のもとで、自分の状況を変えることはできるかもしれません。自分が「嫌だ」と感じる事柄で、わずかでも変えられる可能性があるのなら、行動してみる価値はあります。そのためには、変える勇気が必要です。

私は、ニーバの祈りが教えてくれるように、冷静になって自分の状況を見つめてみました。**変えられないものと変えられるもの、このふたつを見分ける知恵が生まれてくるはずだと信じて**。

これからお話しすることは、私が見つけた「変えられるものと変えら

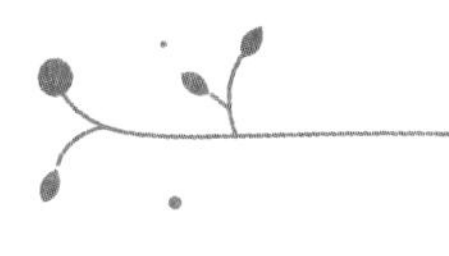

れないものを見分ける知恵」についてです。私の話を聞いて、皆さんにも、この知恵と勇気について考えてもらえたら幸いです。

▼子どもを守る権利を奪われてはならない

「変えられるものを変える」ときに大事なのは、簡単にあきらめない、ということです。多くの人は勇気を出して行動しても、誰かに「だめですよ」と、言われると、簡単にあきらめてしまいます。でも、親があきらめてしまったら、すべてが終わりです。

前に述べたように、**子どもは成人すると、民法上「判断能力があるかどうか」が問われます**。銀行や入所施設で手続きをする際、ダウン症であることがわかると、「判断能力なし」とされて、後見人をつける必要性に迫られることがあります。

私は、そうした厳しい現状を知ったとき、こんなふうに考えました。

彼らは、娘の何を知っているのか。何をやりたいか、やりたくないか、どんなときに嫌だと感じるのか、私は娘のそういうことを表現する能力があることを知っている。娘にはきちんと意思があり、私や妻にそれを伝えられるのだ！

そもそも知的障がいには軽重があり、人それぞれに違います。将来にわたり脳機能が低下し続けるわけでもなく、あきらめないで教え、訓練し続けることでひとつでもふたつでもできることが増えていくことだってあります。もちろん最後は医師の診断を基準にするとはいえ、**何も知らない赤の他人や裁判所が自分の娘を、なぜ簡単に「判断能力がない」と、決めつけることができるのか**。後見人の多くは弁護士や司法書士など、法律の専門家です。彼らにとっては、法律の手続きの問題かもしれないが、私たちには一生の問題です。そんなにあっさりと、大切な娘を守る権利を奪われ、見ず知らずの人間に娘の財産や行動を一生管理されてたまるものか、と私は思ったのです。

障がいのある子の親は、たとえ法律家のライセンスがなくても、わが子を守ることに関してはプロフェッショナルです。私は自信をもって言えます。だとしたら子どもを守る権利を、けっしてあきらめてはいけないと思います。何かに行き詰まったら、ニーバの祈りを思い出してください。変えられないものは冷静に受け入れつつ、変えられるものをしっかりと見極めましょう。そしてあきらめずに、勇気をもって行動してほしいと思うのです。

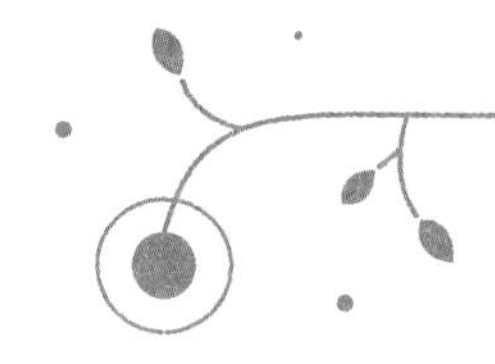

親権を使える未成年のうちだからこそ対策できる

民法では、両親の婚姻中は、原則として父母が共同して親権者となるという規定があります。このため、子どもが成人するまで親権は両親のものです。

前述のように、親権とは、子どもの監護教育を行い、子どもを代表して財産に関する法律行為をする権利と義務です。とはいえ、ほとんどの親は、そんな法的根拠などあまり意識せずに行使しているのではないでしょうか。

▼心配なわが子の成人前に手を打っておく

例えば、親は子どもの代わりに銀行で子ども名義の口座を開設し、お年玉や余った小遣いなどを預金します。子どものカードを使ってＡＴＭからお金を引き出すこともあるでしょう。これらの行為はすべて、親権がある親だからこそできることです。

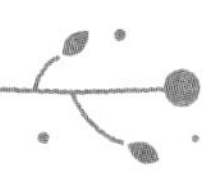

親権は、何の申請もせずに与えられる権利なので、子どもが成人したときに消滅すること、また、消滅したあとに何が起きるのかについて知らない人がたくさんいます。これまで深く考えることもなく、子どもの代理として行っていたことでも、成人になれば親権が失われるため、本人が行わなければなりません。銀行口座を開設したり、ある程度まとまったお金を窓口で払い出すような場合でも、避けようがありません。

昨日までは、親子であるという証明書類を提示すれば、ほとんどのことは子どもの代わりに行うことができたのに、成人した日を境に、それはできなくなります。金融機関などの窓口で、「ご本人様でないと……」と、手続きを断られて初めて、子どもに対する自分の親権が消滅していることに気がつく親も多いのです。

▼民法改正で成人年齢が18歳に

そこで、子どもの親権が消滅する前に、障がいのある子の親には、考えておくべきことがあります。親権という「最強の武器」をもっているあいだに、わが子の人生を守るための対策を取っておくのです。

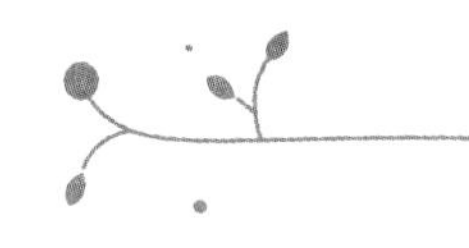

さて、子どもが成人する日とは、いったいいつでしょうか？

20歳？　じつは、**明治9年の太政官布告以来、約140年ぶりに成年年齢の見直しが行われ、成人年齢は18歳に引き下げられることになりました**。このため2022年4月1日からは、18歳が成人年齢になります。

より正確にいえば、2022年4月1日の時点で18歳以上20歳未満の人（2002年4月2日から2004年4月1日生まれの人）も、2022年4月1日にはいっせいに成人となります。

つまりこの人たちは、18～20歳のあいだに成人を迎えるのです。

また、これ以降に18歳になる人（2004年4月2日生まれ以降の人）は、18歳の誕生日を迎える日に成人になります。

お子さんが成人に近づいている方は、自分の子どもがいつ成人するのかを、すぐに確認してください。

子どもを守るための対策にはさまざまなものがありますが、未成年のあいだのほうが手続きをしやすいのです。親権という武器を使うと「変えられるもの」がたくさんあり

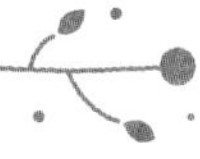

ます。

行動するかしないかは、もちろんそれぞれの親御さんの状況や考え方次第です。次章から、私が娘のために実行したさまざまな対策をご紹介します。目の前にある逃げられない現実に対して、どう向き合って生きていくか。「娘の人生を守り抜いてみせる」と覚悟を決めて、先読みし、考え抜いた、今やれる最善策ばかりです。

個々の家庭で事情は違うでしょうが、子どもを守りたい気持ちは同じはずです。何かひとつでも皆さんのお子さんに役立てる策があれば、現状を「変える勇気」をもって実行してみてください。

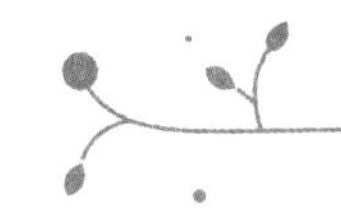

お金がかからない未成年の対策

通帳、マイナンバーカード、印鑑登録証明書が三種の神器

▼2～3冊の通帳があれば生活がしやすくなる

子どもが未成年のうちに、子ども名義の通帳を2～3冊作っておきましょう。

ひとつは、決済用の通帳。子どもが施設に入るときには、通帳の提出を求められることがあります。作業施設等での給料と、障害年金を振り込んでもらい、そこから施設への支払いや生活に必要なお金が引き出せるようにするためです。

ほかの通帳は、親と祖父母から渡すお金の振込用。大きな金額になる場合には、リスクを分散させるためにも、複数の銀行口座を作り、管理しておきましょう。一銀行当たり一口座一名義であれば元本1000万円まで、また利息がつかない決済用預金であれば全額保護されます（ペイオフ方式）。

他人に自分の全財産を見せたり、大金を引き出せるような状況にして、いいこ

とはありません。日々の生活費と大きなお金は必ず別通帳で管理します。未成年なら、口座は親が簡単に開設できます。例えばゆうちょ銀行の通常貯金を決済用に、大きなお金は通常貯蓄貯金や別の銀行口座などにしておくとよいでしょう。

▼マイナンバーカードがあれば不快な思いをしないで済む

マイナンバーカードは、写真つきで、公的な身分証明書として通用します。障がいのある子の場合には、ぜひマイナンバーカードを作っておきましょう。

障がい者の身分証明書は、療育手帳や身体障害者手帳が一般的です。このため、役所や金融機関などへこれらの身分証明書を提示するとき、同時に障がい者であるという情報も伝えることになり、不快な経験をする場合もあるからです。

一方、マイナンバーカードには、障がいについての記載がないので、嫌な思いをすることはありません。また、障がいのある子のなかには、役所など慣れない場所に行き、複雑な手続きの説明を受けると、パニック状態になる子もいます。マイナンバーカードを作ることによって、役所や手続き自体に徐々に慣れさせる

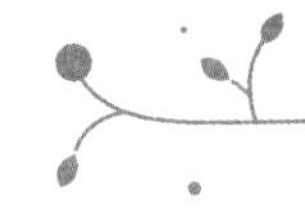

予行練習的なメリットもあります。

▼15歳以上ならマイナンバーカードの次に印鑑登録証明書を

日本では、相続など重要な手続きには、実印と印鑑登録証明書が必要です。そのためには、実印を作り、住民票のある市区町村に登録しておく必要があります。印鑑登録は、15歳以上なら未成年でも可能なので、ある程度の判断能力があれば、いずれ必要となるときのために実印を作って登録しておきます。ただし、市区町村外に移転すると無効になり、新たに登録し直さないといけません。登録は、引っ越す予定がなくなった時点のほうがいいでしょう。

印鑑登録は本人でなければならず、「事理を弁識する能力」つまり判断能力がないと認められないため、場合によってはちょっとハードルが高い手続きです。役所によっては、子どもに「どこの学校に通ってるの？」などと関係のないことを尋ね、判断能力を確認するところもあるようです。先にマイナンバーカードを作っておき、印鑑登録の手続きをしたほうがスムーズかもしれません。

第2章

成人前にやっておきたい
夫婦で子の未来を作る
「新しい財産管理のしくみ」

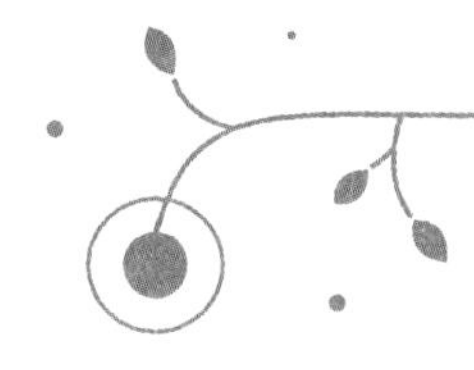

子どもが成人すると、財産管理が親の元から離れる

成年後見制度は、2000年の介護保険制度施行とともに始まった制度です。本来は、認知症などで判断能力が低下した高齢者の財産が、誰かに勝手に使い込まれたり、だまされて奪われたりしないようにすることを目的としたものです。

そのため、介護保険制度と成年後見制度は、高齢化社会を支える「車の両輪」といわれています。

ところがこの制度は、同じルールのまま、障がい者にも適用されています。

生まれながらに障がいがある人、成長してから、また高齢になって障がいを負った人……。障がい者といっても、障がいを負った経緯はさまざまです。所有している財産、その人が幸せになるお金の使い方、関わる人たちとの関係性、のこされた人生の長さなども、状況はそれぞれまったく異なります。

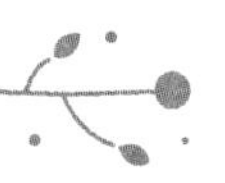

にもかかわらず、**個々の背景を無視し、「判断能力がない」というひと言で機械的に成年後見制度の対象にされ、同じ法律が適用されている**。私は違和感を覚えました。

▼成年後見制度は本当に「本人の財産を守る」のか？

現在の成年後見制度の運用上の考え方は、「本人の財産を守る」イコール「本人の財産を減らさない」ことに主眼が置かれているようです。

後見人は、被後見人（後見制度では、認知症の親や障がいのある子などを「被後見人」という）の通帳や印鑑、不動産の権利証などすべての財産を預かり、管理することになっています。つまり、これまでの財産管理が家族から後見人に移ることになり、**親といえども、後見人の関与なしには、本人の財産を1円たりとも使うことはできません**。

それでも子どものために本人自身のお金を使えるのなら、少々手続きが面倒でもしかたがない、と思う人がいるかもしれませんが、じつはそれほど単純な話ではありません。なぜなら、後見制度は本人の財産を「守る」ことが目的だからです。

例えば、こんなケースがありました。

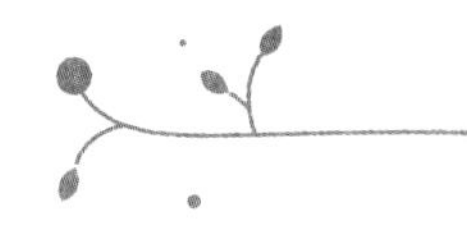

ある障がい者の娘さんは、生まれつきの縮毛で、毎月一回、美容院でストレートパーマをかけるのが何よりの楽しみでした。

生きがいのひとつといってもいいかしれません。

その娘さんは父親が亡くなったことがきっかけで、後見制度を利用することになり、後見の申し立てをしました。後述しますが、近年、家族が後見人になることは難しく、この娘さんの場合も、裁判所から司法書士が後見人に選任されました。

お母さんは、早速、娘のストレートパーマについて相談しました。すると、

「ストレートパーマをかけなくても生活には困らないですよね。毎月、1万円以上、美容院で使うのは、無駄遣いです」

と、けんもほろろ。お母さんは、娘さんがストレートパーマを必要としていることを懸命にわかってもらおうとしましたが、後見人は「贅沢」「無駄」の一点張り。結局、娘さんのお金からは支払ってもらえなかったといいます。

このお母さんは「娘は、自分のお金なのに、自分のために使う自由を奪われてしまった。後見人は会いにも来ないくせにお金の口出しだけはする」と、吐き捨てるように私

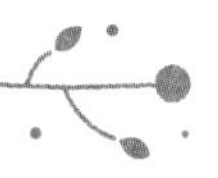

に訴えました。

さらにはこんなケースも。

毎週一回、お父さんと一緒にスーパー銭湯に通うことを楽しみにしていた、障がいのある息子さん。こちらも後見人に司法書士がつきました。

お父さんは入浴料を少しでも節約するために、お得な回数券を購入して後見人へ請求したところ、やはり、「贅沢」「無駄」と言われて支払いを拒否。入場ごとに割高の入浴券を購入しなくてはならないハメになったそうです。

▼後見人はギャンブルのような当たりはずれのあるシステム？

ストレートパーマやスーパー銭湯の回数券が贅沢なのか。**障がいのある子どもに人生の楽しみをひとつでも多くもってほしいという親心を考慮せず、後見人自身の価値観で「贅沢だ」「無駄だ」と、決めつけてしまうことに、親はどれほど、いたたまれない気持ちになることでしょう。**

もちろん、後見人を引き受ける専門家で、何とか親の願いを叶えたいと動いてくれる

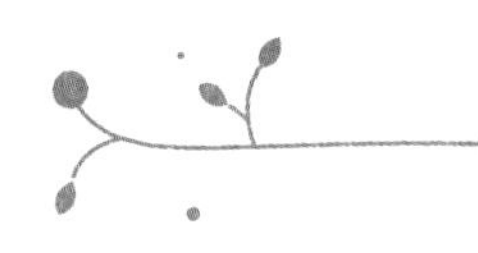

人もいます。

この制度の大きな欠点のひとつは、**後見人には「当たり」と「はずれ」があるということです**。くじを引いてみるまで、「当たり」か「はずれ」かはわかりません。しかも、「はずれくじ」だと気づいても、裁判所が決めたことなので、好き嫌いで代えることはできず、しかも一生、続けなくてはなりません。

こんな「ギャンブル」のようなシステムに、大切な家族の一生を委ねたいと、誰が思うでしょうか。少なくとも私はそうは思えませんでした。

▼親が後見人を選べない「法定後見」

後見制度について、具体的に説明していきましょう。

まず後見人には、「法定後見人」と「任意後見人」があります。これまでお話ししてきたのは、法定後見人の話です。

じつは、**任意後見人は、準備していないとつけられないため、何もせず成人してから判断能力を失うと法定後見人を裁判所に選んでもらうしかないのです**。

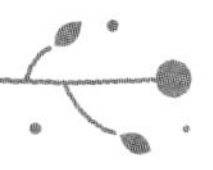

一般に、役所や金融機関、施設などで「判断能力がない」と認められると、家族は「後見人をつけてください」と、言われます。そこで、家族が家庭裁判所に行って「後見人の選任」を申し立て、裁判所が法定後見人を選任することになります。

多くの人は、「法定」という言葉に惑わされることでしょう。「法定＝お上（国家）」というイメージがあるため、「お上の決めたことだから、間違いはないだろう」と、何の疑いもなく、法定後見人の申し立てを行ってしまうのです。何しろ申し立てる場は裁判所なのですから、善良な国民にとって、これ以上信頼できるところはありません。ところが、申し立てをして初めて、私たちは後見制度がどんな制度なのかを思い知らされます。

成年後見制度が始まった2000年には、家庭裁判所が選んだ後見人は親族など本人に近しい身内が90％占めていました。しかし、後見制度を十分に理解していない親族後見人が被後見人（本人）のお金を使い込むことが多かったので、現在では70％が弁護士や司法書士などの専門家から選ばれています。

なお、専門家が後見人になる可能性は、地方よりも都市部ほど高く、財産を所有して

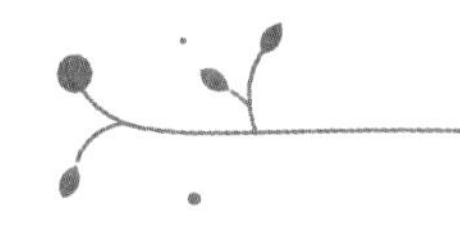

いる人ほど高いといわれています。

このように、家族が後見人になることは難しく、また、**後見人を家族が指定しても必ずしも願いが叶えられるとはかぎりません**。例えば、障がいのある子の親が、とてもいい弁護士を知っていて、「ぜひ、子どもの後見人になってほしい」と希望したとしても、法定後見では、最終的な決定は家庭裁判所が行うため、希望を聞き入れてくれるとはかぎりません。

また、**選任された後見人を「別の人に代えてほしい」と、親が裁判所にお願いしたとしても、その後見人が使い込みをしたなどの、余程のことでもないかぎり、代えてもらえません**。そして、原則、途中で後見人をはずすことはできず、一生つけ続けなくてはなりません。

しかも後見人からは、1年に一度、報酬の請求をされます。金額については次項で詳しく説明しますが、けっして少ない金額ではありません（P57参照）。

さらに、**財産や家族の状況、そして後見人が弁護士などの法律の専門家ではないときには、家庭裁判所が後見人を監督する「後見監督人」をつけるように要求することも多**

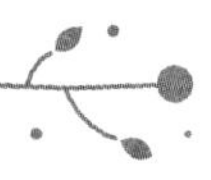

いです。場合によっては後見人だけでなく監督人にも報酬を払い続けることになります。

▼親権のある未成年のうちなら親が結べる「任意後見」

一方「任意後見」は、支援される側（将来被後見人になる人）が自分で後見人を決められる制度です。ただし、任意後見が認められるのは、あらかじめ本人が、後見人との契約を結んでいた場合にかぎります。

例えば親が認知症のケースでは、「事理を弁識する能力が低下したときは、長男を自分の任意後見人にする」という契約を前々から公証役場で結んでおけば、認知症などで判断能力が低下したとき、長男が任意後見人として財産管理などを行うことができます。

また、**障がいがあり、すでに「事理を弁識する能力が欠如している」とされていても、親権のある未成年のあいだなら、親が子どもの代わりに任意後見契約を結ぶことも可能です**（「日本公証人連合会」URL http://www.koshonin.gr.jp/business/b02/）。

このように、あらかじめ準備をしておけば、身内が後見人を務めることができるので、見ず知らずの後見人に財産を管理される心配はなくなります。

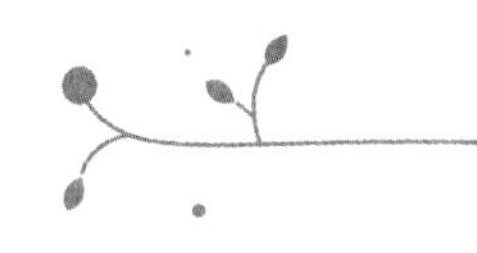

ただし法定後見では、一度交わした契約をあとから取り消す取消権（日用品の購入その他日常生活に関する行為は除く）が一応は認められているのに対して、任意後見では被後見人というだけでは契約取り消しをすることができません。つまり、詐欺まがいの契約を結ばされても簡単には取り消しができないので注意してください。

▼家族が後見人でも見張りがつく

任意後見がスタートする際には、後見人を監督する「後見監督人」がつけられることになっています。後見監督人の仕事は、任意後見人に財産目録を提出させ、財産の調査を行い、任意後見人の行為を見張ることです。

つまり、たとえ身内が後見人になったとしても、その財産管理はすべて他人に監視されることになるわけです。

しかも、金額は後見人よりは少ないですが、監督人に対して報酬を支払わなくてはならないのは、法定後見の場合と同じです。

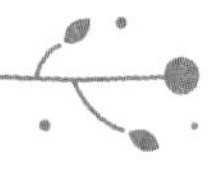

ふたつの成年後見制度の違いとポイント

後見人とは、本人の代わりに財産を守るため法律行為をする人のこと。判断能力（事理弁識能力）が不十分な人が対象となる「法定後見」と、判断能力があるうちに契約を結んでおく「任意後見」がある。判断能力を欠く常況になったら始める。一度始めたら基本的にはやめられない。

●成人以降 ＋ 判断能力低下なら　法定後見

・判断能力が不十分な人が対象
・本人の判断能力（医師の診断に基づく）で3類型に分かれ、後見人・保佐人・補助人がつき、それぞれ同意権、取消権、代理権の範囲が異なる

後見	保佐	補助
常時判断能力の欠けた状態の人	判断能力が著しく不十分な人	判断能力が不十分な人

・後見人を選任するのは家庭裁判所
・その事務について家庭裁判所に報告。家庭裁判所の監督を受ける
・通常は後見事務を行うと、**後見人に月額２万～6万円程度**支払う
・家庭裁判所が必要だと判断した場合、後見監督人がつけられる
・管理する財産額が5000万円以下の場合、**後見監督人に月額１万～２万円**支払う
・**管理財産額が増えれば報酬額も増える**

後見人は、親や兄弟姉妹、親族を候補に挙げることはできますが、決定権は家庭裁判所にあります。血縁関係がある場合、本人にある程度の財産があると、候補者以外の専門家（弁護士、司法書士、社会福祉士、行政書士等）が指名される傾向があります。

●成人未満なら親が契約　任意後見

・判断能力がある人が対象（障がいのある子の場合、親に親権がある未成年）
・将来判断能力が不十分になった場合に備えて後見人を決め、公正証書で契約
・報酬額は当人同士で決定する
・一度交わした契約をあとから取り消す「取消権」がない

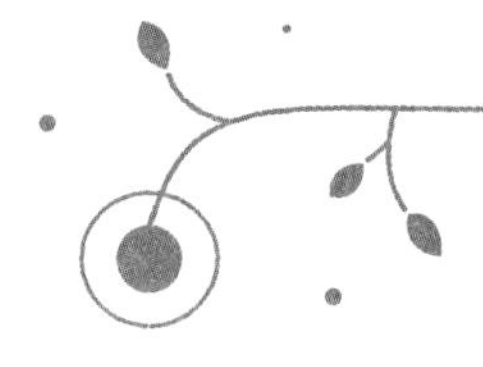

この先40年……3000万円の財産は後見人の報酬に消えることに？

後見制度を使うと、どのくらいの費用がかかるのかを見ていきましょう。

まず、法定後見を利用した場合です。

法定後見を申し立てるには、家庭裁判所で「法定後見開始の審判申し立て」を行いますが、専門家に申し立てを頼むと10～20万円、諸経費などで数千円かかります。医師が「判断能力」の程度を鑑定する必要がある場合には、さらに鑑定料として10～20万円かかることがあります。

▼法定後見の後見人への報酬は？

申し立てにもある程度の費用がかかりますが、高額なのは後見人に払う報酬です。**法定後見人の基本報酬は、後見人が管理する財産額によって異なります。**

このとき「財産」とは、預貯金と有価証券などの金融資産の合計額で、不動産は含まれません。ちなみに２０１３年に東京家庭裁判所立川支部が示した目安によれば、「通常の後見事務を行った場合の報酬」は、次のようになります。

財産額が１０００万円までは、月額２万円。つまり年額24万円。

１０００万を超え５０００万円以下は、月額３万〜４万円。年額36万〜48万円。

５０００万円を超える場合は、月額５万〜６万円。年額60万〜72万円。

例えば、親がよかれと思い、子ども名義の口座に５０００万円を超えるお金をのこしていたとします。すると、後見人を定めたときから月々６万円、年72万円の報酬を支払うことになります。

報酬の支払いは年１回。１年間の報告書を家庭裁判所に提出するときに、家庭裁判所から提示を受け、被後見人の口座から報酬を支払います。

高齢の認知症の方なら、平均寿命から考えると比較的長くない期間で済むかもしれませんが、**障がいのある子の場合には、一生涯なので数十年間も続く可能性があります。例えば35〜75歳までの40年で３０００万円近い金額を後見人に支払うことになるのです。**

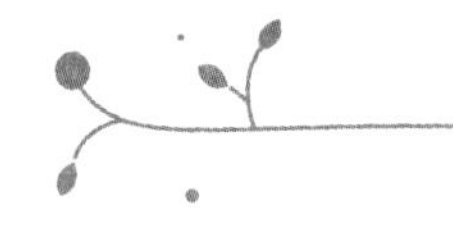

▼後見人等への報酬で、「合法的に」財産が消えていく

いったい、親や祖父母は、何のために子どもにお金をのこしたのでしょうか？　預貯金は、子どもが幸せに暮らせるようにという心のこもったお金です。子どもの望むようにお金を使ってほしいのに、このような形で後見人や後見監督人に支払われ続ける可能性のある法定後見は、「親の愛情の横取り」になる怖さをはらんでいます。

もちろん後見人・監督人が障がいのある子をよく理解し、親身になって財産を扱ってくれるなら、報酬を支払うことにも納得がいきます。

しかしそんなケースは多いのでしょうか？

前述のように、滅多に子ども（被後見人）の様子を見に来ない後見人もいますし、後見人となった法律の専門家の多くは必要最低限以上の支出を嫌がります。大きな支出があった場合、家庭裁判所から理由の説明を求められます。事前に家庭裁判所に交渉したりしなければならず、支出のたびに手間が増えるため、親が子どものために使ってほしいと思うお金でも、二の足を踏むことがあるようです。

使いしぶるばかりか、ときには、後見人が身内に何の相談もなく、被後見人名義の不動産を売却してしまったというケースもあります。もちろん後見人といえども、被後見人の自宅を売却することはできませんが（家庭裁判所の許可があれば可）、それ以外の不動産なら処分することはできます。

例えば障がいのある子が、親がのこした子ども名義の賃貸用アパートを所有していたとしましょう。現在の法律では、後見人の一存で売却しても違法にはなりません。しかも**後見人は、この売却によって「付加報酬」といって報酬が上乗せされるだけでなく、預貯金が増えれば報酬月額も増えるしくみのようです**。

さらにこれとは別に、不動産の管理や親族間の対立、被後見人の身上監護が困難な場合など、「身上監護等に特別困難な事情」があると認められた場合には、「基本報酬額の50％の範囲内で」報酬が上乗せされることになります。

▼任意後見の後見監督人への報酬は？

一方、任意後見の場合の費用はどうなるでしょうか。

まず、任意後見契約をするためには、あらかじめ公証役場で公正証書を作成しておく必要があり、そのための費用には2万〜3万円弱かかります（専門家がサポートする場合は、別途報酬がかかる）。**親族などが任意後見人になった場合には、基本的に報酬は発生しませんが、後見を開始させるためには後見監督人を選任してもらう必要があり、監督人への報酬は発生します**。

金額の目安は、法定後見と同じように、財産額によって異なります。5000万円以下は月額1万〜2万円、それを超えると月額2万5000〜3万円程度。5000万円を超える場合に、40年間利用すると、総額1440万円の出費になる計算になります。

つまり、後見制度を調べてみると、次のような厳しい現実が明らかになります。

何も準備しなければ、法定後見人に死ぬまで管理され、報酬を支払い続けることになる。前もって準備して任意後見契約をしておけば、将来出ていくお金も半分にできる。

知的障がいのある子の親として考えたとき、任意後見のほうが「マシ」な制度には違いありませんが、それでもやはり私には、これが納得できるシステムだとは到底思えなかったのです。

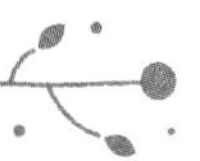

▼後見開始の申し立てをしたら、取り返しがつかない

それにしてもいったい、こんなに重要なことを、どうしてほとんどの日本人が知らないのでしょうか。

それは学校では教えてくれない事柄だからです。

私たち日本人には、身近な法律についての知識がないため、多くの人が、成年後見制度の本質を知らないでいます。よもや**日本の裁判所で「一生逃れられない集金システム」を勧められるとは夢にも思わず、法定後見人の申し立てを行っているのです**。

一般に、家庭裁判所で申し立てを行うときには、私たちは法定後見人のしくみについてのパンフレットやビデオを見せられ、わかったような気になってしまいます。

ところが、そこには、「定められた報酬を被後見人の財産から後見人に支払う」という説明だけで、具体的な数字の記載はありません。

普通の買いものなら「月々の支払いはいくらになりますか」と、尋ねない人はいないでしょう。ところが、そんな質問もせず、黙って申し立てをしてしまう人がとてもたく

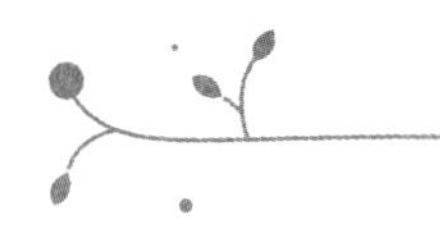

さんいるといいます。「裁判所の行う制度なのだから、まさか法外な請求はされないだろう」という認識があるのかもしれません。

実際、申立人が後見人の申し立てをする時点では、報酬がいくらになるのかはわかりません。家庭裁判所が報酬額を提示しなくても問題にはなりません。後見が開始されたあとで、後見人となった司法書士や弁護士に尋ねても、「まだわかりません」と言われてしまう人も多いようです。

何も知らずに申し立てをして、後見が開始された後、突然裁判所から「報酬○万円とする」という通達が来て初めて、たいへんな制度を利用してしまったと気づくことも。申し立てをする前に、年間の報酬額の目安くらいは調べておくといいでしょう。

法定後見の報酬目安

●基本報酬

法定後見人に支払う費用

被後見人の管理財産額	月額	年額
1000 万円以下	2 万円	24 万円
1000 万～ 5000 万円	3 万～ 4 万円	36 万～ 48 万円
5000 万円を超える	5 万～ 6 万円	60 万～ 72 万円

●付加報酬

□ 身上監護等に特別困難な事情があった場合
（基本報酬額の50%の範囲内で、相当額の報酬を付加）

□ 財産管理等の特別行為（損害賠償請求、遺産分割調停、居住用不動産の任意売却等）があった場合（報酬額の割合はそれぞれ異なる）

被後見人の財産が多いほど、報酬額が大きくなります。
親が障がいのある子のためにお金を使ってほしいと望んでも、
「無駄」のひと言で断る残念な後見人も……。

任意後見の報酬目安

●基本報酬

・任意後見人に支払う報酬
（親族等の場合）… 任意

親族が任意後見人になった場合でも、
専門職の任意後見監督人がつくため
監督報酬が発生します。

任意後見監督人に支払う費用

被後見人の管理財産額	月額	年額
5000 万円以下	1 万～ 2 万円	12 万～ 24 万円
5000 万円を超える	2 万 5000 ～ 3 万円	30 万～ 36 万円

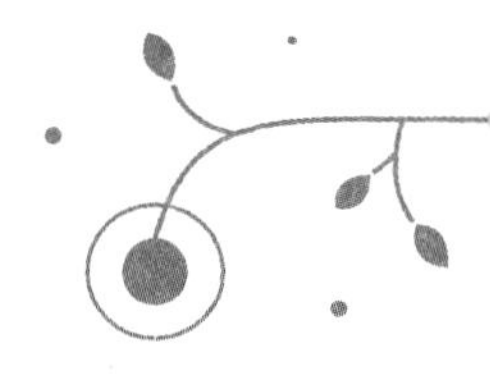

誰がもっとも
わが子の後見人にふさわしいのか

これまでお話ししてきたように、後見制度には理不尽に感じる点があります。しかし、どんなに理不尽な制度でも、法律で決められているため、私たちが勝手に変えることはできません。だとしたら、前に引用したニーバの祈りのように、この制度も「自分では変えられないもの」として、冷静に受け入れるしかないのでしょう。

▼法律を変えられないのなら、今やれることをする

この制度のもとで、私たちが「変えられるもの」はないのでしょうか。私たちは知恵によって「変えられるもの」を見極め、勇気を出して自分にできることをやっていくべきなのです。

まず、わが子に後見人をつけなくてはならないのだとしたら、それは受け入れるしか

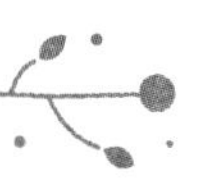

ありません。でも、法定後見人は避けて、任意後見人を選べるようにしたいものです。**任意後見人でも後見監督人がつきますが、それでも見ず知らずの法定後見人に一生管理されるよりはいいでしょう**。任意後見人なら、親が自分の意志で選ぶことができます。

ただし、前にお話ししたように、親のもつ親権は、子どもが成人すると消滅してしまいます。すると親は、子どもの代理として子どもにとって最適な任意後見人を選び、手続きを行うことができなくなってしまいます。

つまり、**任意後見を利用する場合には、どうしても子どもが未成年のうちに契約を結んでおく必要があるのです**。

▼親が選ぶ、任意後見なら誰を後見人にしたいか

では、子どもの任意後見人には、誰を選択すればよいでしょうか。知り合いに信頼できる弁護士がいれば、ぜひ頼みたいと思うかもしれませんし、将来は兄弟姉妹に託したいと思う人がいるかもしれません。

けれども、**任意後見人を選ぶときに注意したいのは、「今」ではなく、「未来」の姿で**

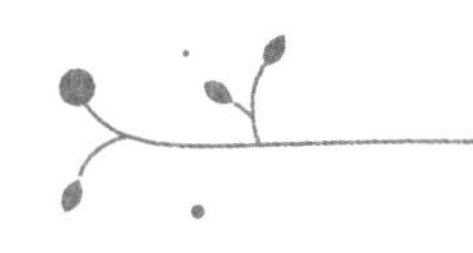

す。例えば今、親御さんが知り合いの弁護士さんはとても誠実で、子どものこともかわいがってくれるいい人であっても、親御さんよりも年齢が上かもしれません。だとしたら、後見人を頼む意味はあるでしょうか。

50歳の親が60歳の弁護士に後見人を頼むということは、親が80歳になったときには後見人は90歳です。これでは、安心して子どもを任せることはできません。

また、ちょうど住まいのある地域にＮＰＯ法人や専門家の事務所があって、任意後見人を受けてくれるかもしれません。でも、その**ＮＰＯ法人や専門家の事務所は、30年後も間違いなく存続していると、誰が保証できるでしょうか**。

兄弟姉妹を考えてみましょう。もちろん兄弟姉妹なら、親なき後も数十年間、後見人を託せる可能性は高くなります。けれども、前にお話ししたように、どんなにやさしい兄弟姉妹でも、30年もすれば状況は変わります。成長して家庭をもてば忙しくなり、時間的にも肉体的にも余裕がなくなる可能性は高いでしょう。仕事によっては、海外や地方に転勤するかもしれません。本人が、障がいのある兄弟姉妹の面倒を見たいとどんなに願っても、状況が許さない場合も十分考えられるのです。

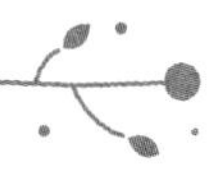

▼結局、親しかいないじゃないか

未来のことはまったくわかりません。30年後、40年後まで確実に、障がいのある子どもを委ねられる後見人など、そう簡単には見つからないのです。

実際私自身、さまざまなケースを考えました。専門家の事務所やＮＰＯ法人などを訪ねまわり、いろいろな人の話を聞きました。その結果たどり着いたのが、「結局、親しかいないじゃないか」という結論でした。

言うまでもなく、親が後見人になったとしても、80歳、90歳まで元気に長生きをして、子どもの面倒を見られる保証はどこにもありません。それでも、**今、託せる人がどこにもいないのなら、とりあえず、その権利を自分たちの手に握っておく**。それしかないと、私は思ったのです。

まず、親権という武器があるうちに、法定後見人を回避する方策を取っておくこと。「あとのことは、あとで考える」この考え方が、私の大きな気づきであり、次の挑戦へのスタート台になりました。

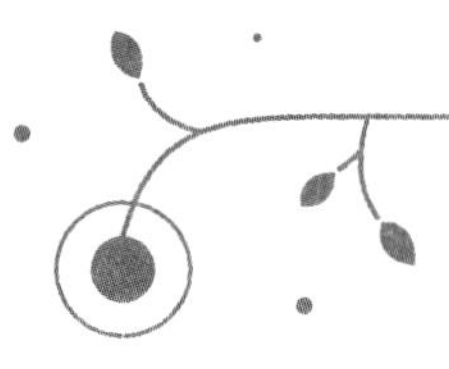

「親心後見[※]」への挑戦。夫婦たすき掛けの契約で子どもを守る

私の娘は16歳。成人するまであと2年です。私は思いました。

このまま何もしないでいて、成人後に後見人をつけろと言われれば、法定後見人をつけることになるだろう。いや、たとえ私たち夫婦が生きているあいだに後見人をつけずにいられたとしても、私たちが早く死んでしまったり、認知症になったりしたら、娘には必ず法定後見人がつくに違いない。今、何を準備すべきなのだろう。

▼父親は母親に託し、母親は父親に託す任意後見契約

そこで、私は家族信託や成年後見制度の研究をしていた司法書士法人ソレイユの杉谷範子先生と相談して、次のような対策を取ることにしました。

❶夫が親権を使って、子どもの代理人として妻とのあいだで任意後見契約を結ぶ。

※「親心後見」は一般社団法人日本相続知財センター本部と一般社団法人実家信託協会の登録商標です

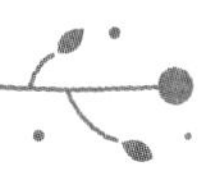

❷妻が親権を使って、子どもの代理人として夫とのあいだで任意後見契約を結ぶ。

つまり、**夫婦がそれぞれ子どもの代理人となって、いわば「たすき掛け」のようにして、任意後見契約を結んでおくのです**。このやり方は、親が親権をもっていることが前提なので、**子どもが未成年であることが条件となります**。

事実、日本公証人連合会のホームページには、「障がいがある子どもの場合には、親権を使った任意後見契約も有効」だと記されています。親が障がいのある子の代理人として契約することには問題はありません。

私たちは、この「たすき掛け」契約により娘とのあいだに任意後見契約を結び、２０１９年１月、東京法務局に登記されました。いずれ必要があるときに娘の正式な任意後見人になれるようにしたわけです。

私はこの後見契約を、「親心後見」と名づけました。

親心とは、どんな思いにも勝る愛情です。**この親心後見によって、子どもの幸せを心から願う親が後見人になれれば、子どものことをよく知らない専門家による法定後見人から、わが子を守れます**。

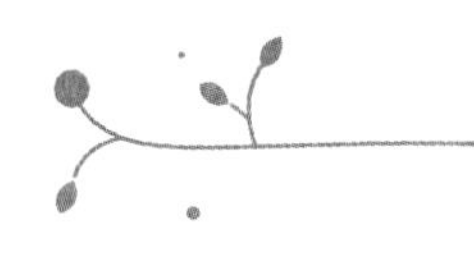

▼大いなる時間稼ぎへの挑戦

法律や財産管理などの手続きは煩雑で、先延ばしにしがちです。また、将来のことは誰にもわからないので、すぐ決断できないこともあります。

実際、私の「親心後見」の話を聞いても、「そんなに先のことまで考えられない」という感想をもつ人もいます。

そこで、今、どうしたらいいか迷っている皆さんには、ぜひ、この方策を、**「先延ばしする」ための布石だと考えてほしいと思います**。今決められないからこそ、決定を「後まわし」にするという戦略です。私はこれを、「大いなる時間稼ぎ」と呼んでいます。時間稼ぎといっても、30年、40年後という長期的な視野に立った構想です。

この「時間稼ぎ」は、ふたつの点でとても有効です。

ひとつには、**今できないことでも、30年経てばできるようになるかもしれません**。

民法が約40年ぶりに変わったように、30年もすれば、お上（かみ）の制度でさえ変わる可能性があります。最高裁も、2019年には「後見人は親族が望ましい」という提言を出し

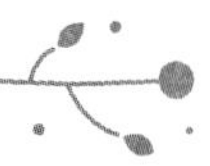

ており、今後は後見制度が改善され、使いやすいものになる可能性もあります。

また、30年経てば、法定後見人のルールも変わり、ダウン症協会や社会福祉法人などが、後見人に選ばれるかもしれません。少し大げさに言えば、30年後に決めればいいことは、30年後に決めればいいと考えたのです。

もうひとつは、子どもの状況が変化することです。

今、私の娘には、まだ「事理を弁識する能力」が認められる可能性はありますが、30歳を過ぎれば認知能力などの後退が始まるかもしれません。そのときには私に親権はなく、法定後見人をつけるしかないでしょう。**いざ後見人をつけるときになり、親がコントロール不能な状態にならないよう、ベストでなくてもベターな選択をしておくことが重要なのです。親心後見では、親なきあとの次の後見人まで親自身が決められるようにしておくことが重要だと考えました。**

10年、20年後、決められる状況になったときに困らないように布石を打っておきます。将来の自分や子どもの生活が、知らない人に管理され、報酬を払い続けることになるのを防げます。ぜひ大いなる時間稼ぎに挑戦してみてはいかがでしょうか。

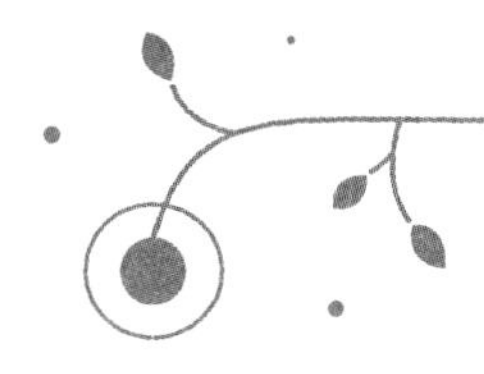

子どもの将来をお上(かみ)には決めさせない

親心後見のおおまかなしくみについてお話ししたところで、ちょっと細かい法的問題などについてお話ししておきましょう。

親心後見の基本は、障がいのある子どもが未成年のうちに、親権をもつ親が子どもの代理人となって、もう一方の親と任意後見の契約を結ぶ。これを、夫婦が互いに「たすき掛け」のようにして行う、というものです。

▼後見の開始時期は「親」が決められる

そこでまず問題となるのは、任意後見をいつから発動させるか、という点です。法律では精神上の障がい（認知症、知的障がい、精神障がいなど）によって、本人の判断能力が不十分な常況になったとき、とされています。生まれつきの知的障がいなどの場合

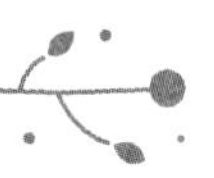

では、この判断が難しく、私は杉谷先生と相談し、開始時期については、「親」が決められると記載するようにしました。**正確に言えば、「精神上の障がいにより事理を弁識する能力がなくなって、後見事務を行うことを親が相当と認めたときに、任意後見人である親は、自分に後見監督人（見張り）をつけるために、家庭裁判所に後見監督人の選任申し立てをし、任意後見を開始する」としたのです。**

つまり、夫婦どちらか生きのこっているほうが、開始時期を決めると定めたのです。

▼夫婦なきあとの任意後見人も、「親」が契約できる

もうひとつの問題は「親が年老いたときに、次の後見人をどうするのか」ということです。

例えば30年後、子どもが50歳になったとき、妻が80歳だとします。どんなに元気でも、いつ病気になっても、認知症になってもおかしくない年齢でしょう。

そこで、私は、妻が選んだ人物や団体を後見人にできる工夫も、盛り込みました。つまり、新しい任意後見契約を結ぶ権限も、初めから妻に与えておいたわけです。この記

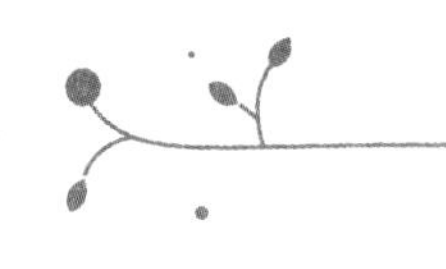

載がないと、先に私が死亡したあとに、妻の判断能力がなくなったり、妻が死亡したりした時点で後見人がいなくなってしまうため、今の法律でいえば、裁判所が法定後見人を選任することになってしまうからです。

私が先に死んで、妻が子どもの任意後見人になったら、妻は自分の死亡や認知症リスクを考慮して、早めに次の後見人を指定しておく必要があります。

妻が先に死んだ場合は、もちろん私が指定します。

この話をすると、妻は、

「**私が決めていいのね、お上じゃなくて。開始時期も、次の後見人も**」

と、納得した様子でした。

妻が納得したのは、将来的に子どもの幸せをコントロールする権利を、私たちが確保したからです。くり返しますが、何もしないでいれば、この権利は親権の消滅とともに失われます。いったん手放してしまったら、取り戻すことはとても困難なのです。

大切な子どもの幸せを願うなら、将来をコントロールする力を手放さないこと。自分たちのことは自分たちで決める決断が必要だと、強く感じたのです。

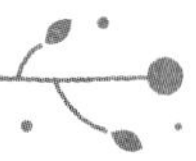

「親心後見」のしくみ

❶、❷のパターンで、夫婦が互いに障がいのある子の代理人、後見人になり、「たすき掛け」のように後見契約を結ぶ。どちらかが先に亡くなっても、のこったほうがわが子の後見人になることができ、後見の開始時期や自分たちがなきあとの後見人を選ぶこともできる。

❶ 夫が代理人となり、妻を後見人に指名する

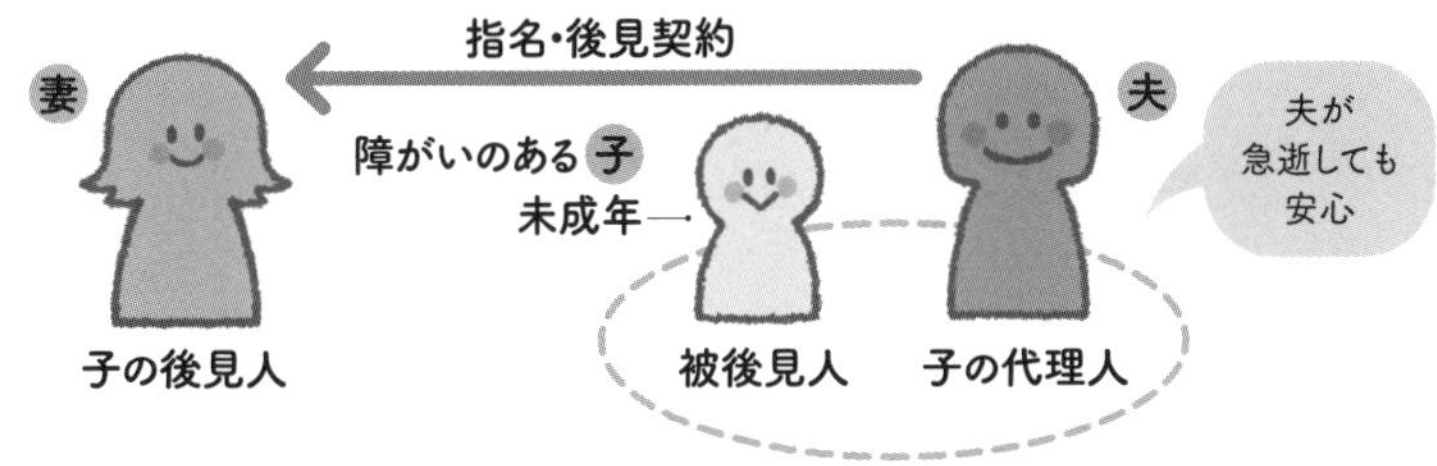

子どもが未成年で、夫が親権を行使し、夫が子どもの法定代理人になり、妻を後見人に指名、妻とのあいだに任意後見契約を結ぶ。

❷ 妻が代理人となり、夫を後見人に指名する

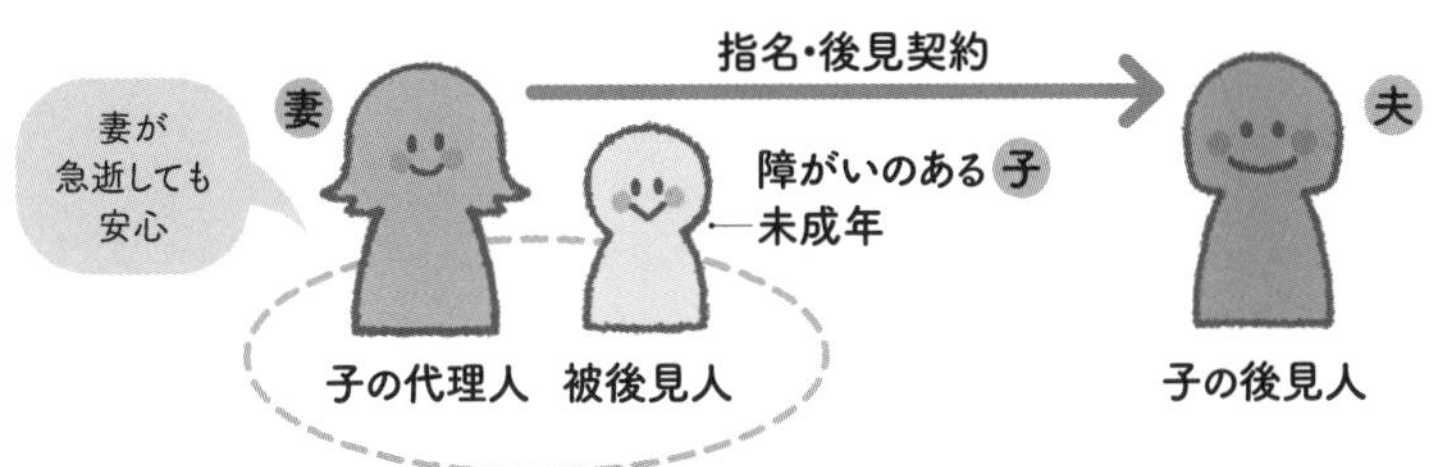

子どもが未成年で、妻が親権を行使し、妻が子どもの法定代理人になり、夫を後見人に指名、夫とのあいだに任意後見契約を結ぶ。

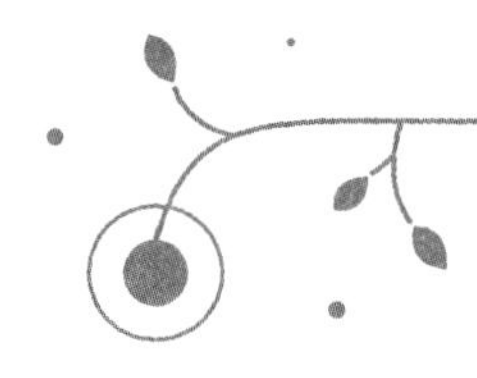

法的解釈が分かれるからこそ専門家を頼ったほうが安心

今回、私はこのような形で子どもとの任意後見契約を結び、東京法務局に登記することができました。

ただし、登記に至る過程で、複数の公証役場に出向いて相談し、公証人の方々の話を聞いたところ、公証人によって見解が異なるという印象を受けました。

▼公証人によって見解は分かれる

例えば、夫婦が子どもの代理人となり、互いに任意後見契約を結ぶということは、利益相反に当たるので認められないという考え方もあります。

利益相反とは、「一方の利益が他方の利益を損なう」というように、互いの利益が衝突する場合をいいます。

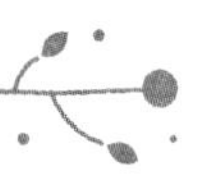

父親が亡くなって妻と未成年の子がのこされたと考えてみましょう。この場合、母と子で財産を相続することになりますが、母親が多く財産を相続すれば、子の財産は少なくなります。

このように、**互いの利益が衝突する者同士の法律行為については、親権者に代わる者として特別代理人を選任しなくてはなりません**。

特別代理人には弁護士などの資格は必要なく、祖父母や叔父、叔母など誰でもなることができます。財産やプライバシーに関わる情報が伝わってしまうので、親族を選任するケースが多いようです。

今回、私がたすき掛けによる親心後見の相談をしたところ、公証人のなかには、利益相反による特別代理人の必要性を指摘した人もいました。

一方で、必ずしも必要ないという人もいて、公証人によって意見はさまざまでした。

▼公証役場はどこを選んでもいい

後見制度について、なぜ公証人が慎重なのかといえば、**任意後見を悪用した場合、後**

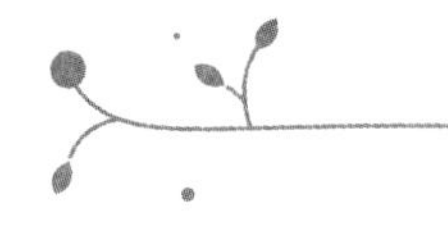

見人は被後見人の財産を好き勝手に使えるようになってしまうからです。

このため、「身内性悪説」と「専門家性善説」を基本とした制度設計ができてしまったのです。

たしかに、もしも自分勝手な親がいて、子どもの障害年金などを使い込んでしまうとしたら、それを防ぐ手立ては必要でしょう。けれども、ほとんどの善良な親にとって、この制度は迷惑でしかありません。

本当に子どものことを思うなら、親心後見について理解のある司法書士や弁護士などの専門家に手助けしてもらい、公証役場で公証人に説明してもらうとよいのではないでしょうか。

公証役場は、多くの人にとってあまり縁のない役所だと思います。

公証役場は全国におよそ300か所あります。県によっては1~2か所しかないところもありますが、東京には50近い公証役場があります。勘違いしやすいのですが、**公証役場に出向けば、手続きは居住地等に関係ありません。どこの公証役場でも可能です。埼玉県に住んでいる人が、東京都で手続きをすることもできるのです。**

▼信頼できる専門家に依頼することも

どこに行ってもかまわない一方、公証人の見解がつねに同じとはかぎらないのは、お話しした通りです。

もちろん、基本的な法解釈が異なることはなく、どこの公証役場でも同じルールで動いています。しかし、公証人にはさまざまなタイプの人がいます。

自分の法解釈と異なるという理由で断る人もいれば、きちんとこちらの意向を理解し、真摯に対応してくれる人もいます。公証人ごとの法解釈や考え方によって対応が異なるのです。

もし**どこかの公証役場で親心後見の相談をしてみて、「だめ」と言われたとしても、別の役場に当たってみる価値はあります**。親として、本当に子どものことを考えているという必死の思いが伝われば、それをわかってくれる公証人に出会える可能性があるということです。

とはいえ実際には、公証人への説明には専門的知識が必要になります。

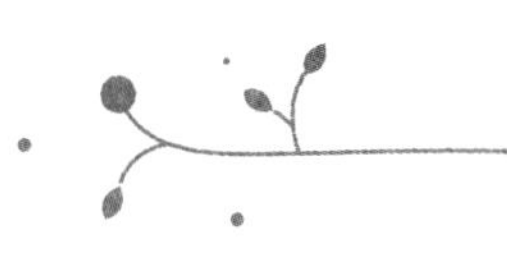

説明のしかたや公証人への伝え方が公証人の判断に影響する場合もあるので、親心後見について相談できる司法書士や弁護士などの専門家に依頼し、つき添ってもらうと安心です。

私は、「親は絶対にあきらめてはいけない」と思っています。

親があきらめたら、誰も子どもを守る人間はいません。本気で子どものことを思うなら、わかってくれる公証人に出会うまで、粘り強く公証役場を訪ねてみたり、専門家に相談してみたりしてほしいと思います。

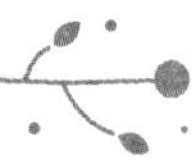

親心後見（夫婦たすき掛け）契約の結び方

夫婦がともに後見契約を結ぶ「親心後見」の通常の手続き。まだ確立されたものではなく、公証人によって見解が異なるためバラツキはある。

Step1 必要書類を準備

未成年の障がいのある子と親（後見人）の戸籍謄本、住民票、印鑑登録証明書などを準備。専門家に夫婦の意思を伝え、任意後見契約のおおまかな内容を決定。

❗親心後見の考え方に同意する司法書士や弁護士の手助けがあると安心。

Step2 公証役場と打ち合わせ

公証役場の公証人と、任意後見契約の内容のすり合わせを行う。内容がかたまったら、公証役場との手続きの日程を調整する。

❗公証役場は、本人の住所と関係なく、どこでもかまわない（都道府県をまたいでもOK）。
「公証役場一覧（日本公証人連合会）」
URL　http://www.koshonin.gr.jp/list

Step3 公証役場にて手続き

公証役場にて手続きを行い、任意後見契約書を作成する。法定代理人（親）と後見受任者（もう一方の親）が署名捺印し、任意後見契約公正証書が完成。

Step4 法務局に登記する

公証役場から法務局に任意後見契約公正証書の登記を申請。登記完了後、東京法務局にて、登記事項証明書を取得する。

夫婦がそろっていても、
「特別代理人」の
選任が求められることも
あります（P71、80参照）。

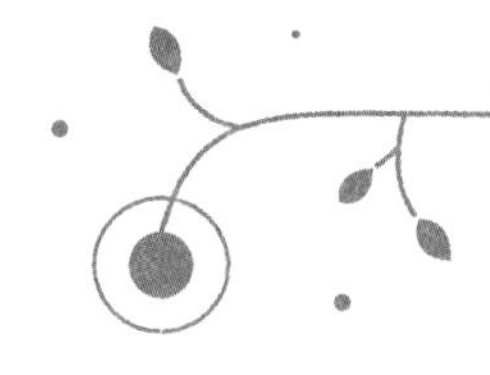

公正証書の付言事項（ふげんじこう）で親の思いを伝えることができる

私の話を聞いて、ある男性が、自分も「親心後見」の契約を結びたいと申し出てくれました。彼は、転勤族でしたが、障がいのある子どものために転勤のないサラリーマンとなりました。子どもの世話をしながら将来について不安を感じていたそうです。

そこで私は早速、彼の意向に沿って、親心後見契約のための公正証書作成のサポートに杉谷先生と一緒に取りかかりました。

▼親心後見で任意後見契約公正証書を作成する

親心後見の任意後見契約も、通常の任意後見契約同様、公正証書の書式にのっとって作成されます。父親である彼が代理人、母親である妻が後見人となる場合の契約では次のような内容を盛り込みました。「契約の発効」の項においては、「子どもが事理を弁識

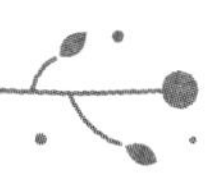

する能力が不十分になって、母親が相当と認めたときは家庭裁判所に対し、監督人を選任してもらい効力が生じる」旨を記し、代理権目録では、「母親が新たな任意後見契約を結ぶ権利をもつこと」など、母親の権限を明記しました。

契約書原案がほぼできあがったとき、彼が尋ねました。

「この公正証書のなかに、自分の思いを書き添えることはできませんか」

自分なきあと、この契約が発効すれば、妻が子どもの任意後見人になります。そうすれば、家庭裁判所で選任された後見監督人がつき、妻と子の生活を監督することになるでしょう。彼は、**後見監督人など、今後、妻や子どもの生活に関わっていく人に対して、父親としての思いを伝えたいと話してくれました。**

▼将来着任する後見監督人へのメッセージも

そこで私たちは、彼にその思いを書いてもらい、公正証書に「付言事項」という形でつけようということになりました。次に紹介する文章が、彼が記した付言事項です（子どもと母親の名前は仮名です）。

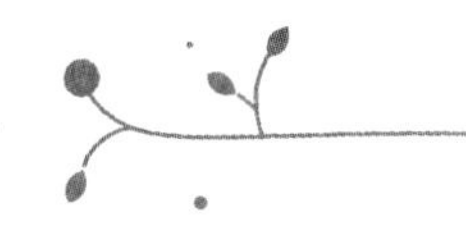

この任意後見契約書は、もしも鉄男に後見人が必要となった場合には、母親が後見人になるように行いました。鉄男のことを誰よりも理解しているのは母親の晴美だからです。鉄男が幸せで豊かな人生を過ごすために、鉄男の財産を適切に管理し、鉄男のために使っていけるのは晴美です。

晴美と父である私は、どちらが先に亡くなっても大丈夫なように、同日にお互いを鉄男の任意後見人とする任意後見契約をそれぞれ結びました。これは両親の意思です。着任する後見監督人の方には、両親の意思を尊重し、鉄男の幸せな人生を一緒にサポートしてくださることを心から望みます。

さらに私たちが年老いて、寿命を迎えても、鉄男を一番理解してくれる人や法人を後見人として私たちが選べることも、この後見契約の大きな目的です。

私たちは、鉄男には、周囲の助けを借りながら、清潔な衣類を身につけ、可能な範囲での作業を行い、栄養ある食事をとり、休日には好きな電車に乗るなどして、機嫌よく日々を送ってほしいと願っています。

法定後見になることで、私たちの思いが踏みにじられることのないよう、関係者の皆

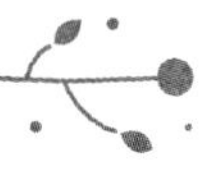

様には深い理解と共感を望みます。

この付言事項には、父親が妻と子どもの幸せを願う気持ちが詰まっています。子どもをもっとも理解するのは母親であること、そのため母親が子どものためにお金を使えるようにしたいという父親の思いを尊重してほしいこと、子どもの幸せを願う両親の気持ちを踏みにじらず、子どもの人生を一緒にサポートしてほしいこと、など、将来着任する後見監督人をはじめ関係者に向けたメッセージとなっています。

この文章を示したところ、担当してくださった公証人がとても心を動かされ、こう言ってくれたのです。

「この付言事項は、本公正証書においてもっとも大切なメッセージだと思います。末尾につけるのではなく、冒頭に記しましょう」

通常、公正証書にこのようなメッセージをつける際には、末尾に載せるのが一般的なのですが、この助言で冒頭に載せることができました。こうしてあらためて読んでみると、この言葉はそのまま、「親心後見」に込めた私たちの思い、障がいのある子をもつすべての親の思いを、強く発信してくれているように感じます。

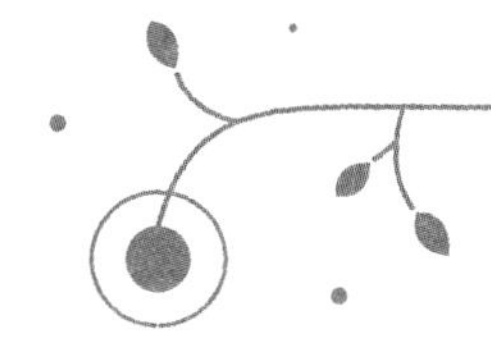

シングルマザーや夫を頼れないなら母親だけの契約に挑戦する

「たすき掛け」による親心後見は、夫婦がそれぞれ子どもの代理人となって任意後見人となるやり方です。片親の場合にはどうすればいいでしょうか。

▼シングルなら特別代理人を立てる

例えばシングルで子どもを育てている場合には、片方の親だけが子どもと任意後見契約を結ぶことになります。夫婦がそろっていれば、一方の親が代理人になることができますが、片親ではできません。子どもの代理人として特別代理人を立てる必要がありま す。**特別代理人は、利益が衝突する双方が法律行為をするときに、その法律行為のために立てる代理人です**。したがって、この場合には、子どもの任意後見人になる法律行為が終了すれば、特別代理人の任務も終わります。

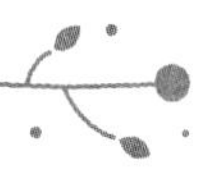

前に述べたように、特別代理人には弁護士などの資格は必要なく、一般的に親族から選任することが多いようです。**できれば子どものことをよく知っている祖父母や叔父、叔母などに依頼することをお勧めします**。どうしても適当な親族が見当たらなければ、司法書士などの専門家に依頼することも可能です。

▼パートナーに期待がもてない、離婚する可能性があるなら

夫婦がそろっていても、当事者がたすき掛けでの親心後見を望まないケースもあります。私の講演会や相談に来られるのはお母さんが多いのですが、ときに、「夫を信頼できないので、任意後見契約は、私だけが結びたいんです」という方がいます。理由を聞くと、夫がギャンブルやお酒、パチンコが好きで、お金を使い果たしてしまわないか心配だというのです。

また、妻の実家が裕福な場合、妻が実家の財産を引き継いでいるため、妻が亡くなると夫が大金を受け取る可能性があり、「夫が全部使い込んでしまうのではないか」と、心配しているケースもあります。

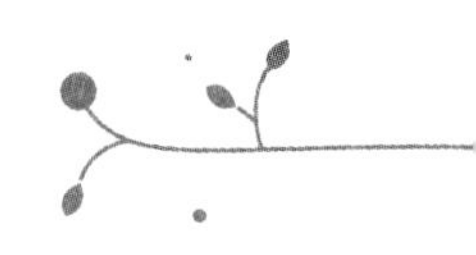

さらに、仕事は熱心でも、子どもの世話を一切しないという夫もいたりして、「私が死んだら、金遣いの荒い夫に子どもの財産管理ができるとは思えません」と、夫に対して強い不信感を抱いている方も珍しくありません。

こうしたことから私は、1人で相談に来られた奥さんには、「ご主人と仲いいですか」と、尋ねることがあります。**「いいえ」という答えが返ってきたときは、たすき掛けでの親心後見はお勧めしません**。妻が先に亡くなった場合、子どものための財産が、お酒やギャンブルに使われる恐れがあるなら、報酬を支払ってでも、法定後見人の専門家に依頼したほうが安心です。そのような夫に、すべての財産を握らせるぐらいなら、裁判所に選任された弁護士や司法書士に財産管理をしてもらうほうが、はるかに安心できます。さらに、夫婦のあいだがしっくりいっておらず、「そのうち離婚するかもしれません」という場合にも、この契約は勧められません。**離婚したからといって任意後見契約は無効にはならないからです**。

ただ、私は、母子だけでも親心後見をしておくことをお勧めしています。離婚した場合、ほとんどの家庭では、母親が子どもを引き取るからです。

▼チャレンジする価値は十分ある

たすき掛けによる親心後見は、まだ手続きとしてしっかり確立していません。専門家によって意見の相違があることには注意が必要です。とくに、夫婦がそろっている場合に、片親だけが親権を用いて任意後見契約をするのは、認められないという考え方もあります。**民法では「親権は、父母の婚姻中は、父母が共同して行う」という規定があるため、一方だけが親権を用いて親心後見を行うという行為には無理があると考える公証人や裁判官もいるからです**。お金をかけて書類を作成したものの、いざ後見をスタートさせようとしたら、裁判所が認めてくれず無駄になってしまうことがあるかもしれません。

それでも私は、チャレンジする価値は十分あると思います。ひとつの裁判所でだめだとしても、別の裁判所で認めてもらえるかもしれません。試行錯誤をしているうちに裁判官も変わり、ルールも変わる可能性はあります。専門家と相談し、個別の状況に合わせて細かくプランを立てる必要はありますが、少しでも「変えられるもの」があるなら、私は勇気を出して変えていくほうを選びたいです。

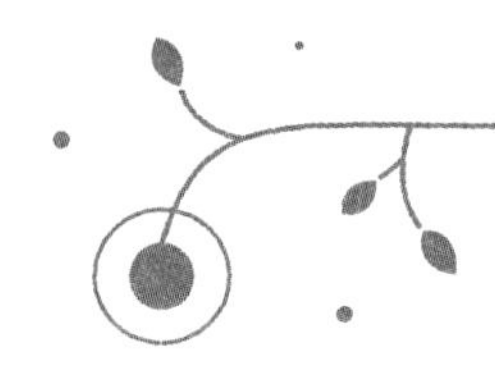

成人してからでも大丈夫。医師から診断書をもらう

親心後見は、親権を使って後見契約を結ぶので、子どもが未成年のうちに行うのが原則です。

ところが、第1章でお話ししたように、２０１８年の民法改正によって、成人年齢は18歳に引き下げられました。２０２２年4月1日に施行され18歳以上20歳未満の人も、20歳の誕生日を待たずして成人となるので、対応を急がなくてはなりません。

▼公証人を納得させるための材料を用意する

では、成人が目前で「間に合わない」という方や、すでに成人となっていて、親が親権を失っている方は、どうすればいいでしょうか。

残念ながら、寝たきりで意思疎通もできず、字も書けなければ、判断能力がないと言

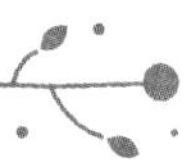

われてもしかたありません。未成年のうちなら、そういう状態でも親権を利用して契約を結ぶことが可能ですが、親権が失われてしまうと、契約を結ぶことはできません。

ただし**障がいが軽く、コミュニケーションが取れるレベルなら、成人になってからでも認められます**。公証人を納得させるために、自分の子が「事理を弁識する能力があること」を客観的に証明するとよいでしょう。

▼可能であれば医師に診断書を書いてもらう

それには、医師に相談して診断書を書いてもらうのが一番です。親の前では話ができる子が公証人の前になると緊張してしまうかもしれません。判断能力については専門家の意見があったほうが公証人も安心して手続きを進めてくれることでしょう。

そこで、医師の捺印のある診断書を提示して、「医師が証明している」客観的な判断材料を提出するとベターでしょう。

ここで問題となるのが、医師の判断です。医師のなかには、「判断能力あり」という診断書を書くことに慎重な人もいます。

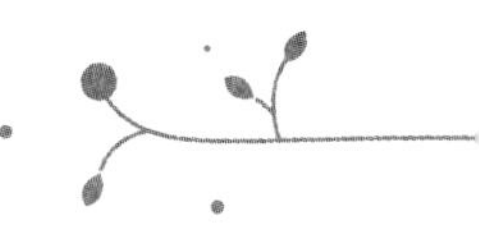

一方で、きちんと子どものことを見て、「話せること、字が書けること、親が自分の代理で手続きをする契約（任意後見契約）」などを認め、判断能力があるという診断をしてくれる医師もいます。

公証人と同じように、こうした判断は医師の考え方によっても分かれるところです。一か所で断られても、あきらめてはいけません。親があきらめたらおしまいです。医師の診断書を準備することで、親心後見の手続きがスムーズに進むことが期待されます。

第3章

夫なきあと
妻と子の生活を守る
「遺言の作り方」

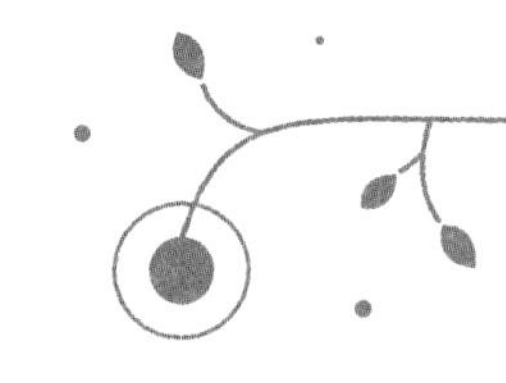

わが子の幸せのために、あえてお金をのこさない選択を

障がいのある子に対しては、よく祖父母などが「かわいそうだから」と、お金を援助することがあります。たしかに好きなものを買ったり、やりたいことをしたりするためにはお金が必要です。お金で買える幸せはたくさんあるでしょう。

けれども障がいのある子は、自分の自由な意思でお金を使うことが難しいのです。また、塾に行ったり習いごとをしたり、お金のかかる高度な教育を受けさせる機会もないかもしれません。医療費の助成やバス・地下鉄・タクシーなどの交通機関の割引が受けられるため、日常的な生活費も健常の人に比べると、負担は少ないようです。

障がいのある子は、障害年金や特別児童手当などを受けられます。障がいの状態にもよりますが、年78～97万円程の障害年金を受け取ることができます。

こうして考えてみると、**障がいのある子は障害年金などの支えがあれば、最低限の経**

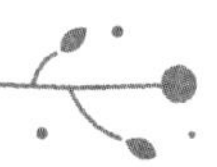

済的基盤は整っていると考えました。

▼お金を使えない子に、大金を持たせてはいけない

親や祖父母は、実際にはそれほどお金が必要でないとわかっていながら、子どもの口座に不憫だからと「何となく」お金を預金してしまうことがあります。自分より未来のある若い子や孫にお金を渡したい気持ちはわかります。

しかしその相手が障がいのある子の場合、どういう事態が生じるかを知っている人はあまりいないように思います。

障がいのある15歳の子をもつある父親が、子どもの預金が1000万円以上になった、とうれしそうに話してくれました。父親の口座に入金されていた特別児童手当などを子どもの口座に移していたので、いつの間にか、貯まっていたというのです。

そこで私は彼に尋ねました。

「そのお金、お子さんは引き出せるのですか？　どうやって使うのですか？」

父親は、そう言われて初めて気づいた様子でした。

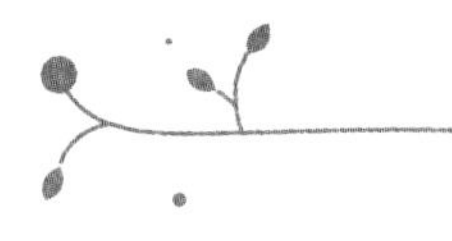

私は彼に将来起きると懸念される状況を説明し、すぐにそのお金を親が管理できる状態にすべきでは、と、アドバイスしました。本来、特別児童手当は扶養している親が受け取るべきものですし、親が子どものために使うように支援されたお金です。

けれども、**子どもが成人して法定後見人がついたら、たとえそれが、親が受け取った特別児童手当の積立金であっても、引き出すのは後見人です。**

▼信託銀行に財産を預けたが……

ある裕福な家族の話です。信託銀行で「相続税も贈与税もかからないので、お得ですよ」と言われ、祖母が障がいのある未成年の孫へ、数千万円のお金を生前贈与したそうです。聞いてみると、たしかにその商品のしくみを使えば、子どもは税金を払わずに大金を受け取ることができます。

その信託銀行では、信託財産残高の年1％弱を手数料として受け取るそうです。つまり、信託銀行に毎年数十万円の手数料を払い続けるのです。しかも、一度契約したら解約はできません。

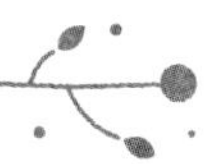

もちろん非課税で大金を贈与されるのは事実です。信託銀行は嘘をついたわけではありません。

しかし、もしもこの商品の実態がわかっていたら、祖母はお金を預けたりしなかったでしょう。この商品は、成人後に自分の意思でお金を使える子どもには、大きなメリットがあります。けれども知的障がいのある子が自分名義のお金を下ろすには、成年後見制度の利用が求められるため、どんなに大金を持っていても使うことが難しいのです。

また、自宅を購入した際、自分たち夫婦と障がいのある子の３名の共有名義にしたという親もいました。理由を聞くと、「何となくいいかなと思って」との答え。

気持ちはわからないでもありませんが、将来、その自宅の売却等をするときに、問題が生じる可能性があります。不動産の名義に、契約行為ができないかもしれない障がいのある子の名を入れるということは、自宅を売却したり、賃貸したり、相続手続きをするときに困難になる可能性をあえて作っているということです。

判断能力のない子どもが契約にからめば後見人・後見監督人が登場します。親の思うように進めるのは難しくなります。親なきあとには、兄弟姉妹や親戚にも迷惑がかかる

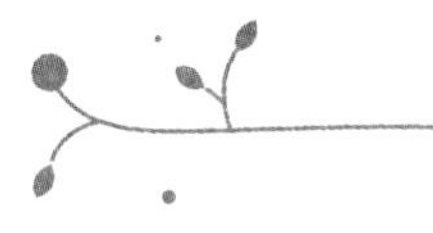

かもしれません。私は、**障がいのある子には、大金も不動産ももたせないことが、財産管理の基本だと思います**。

▼娘に適切にお金を使ってくれる人をそばに置きたい

近年の相続セミナーなどでは「節税」ばかり注目され、賃貸アパート経営が「相続対策の王道です」と、紹介されたりします。

けれどもお金を不動産のように分割しにくいものにしてしまうと、相続時に分けづらく、のこされた子どもたちのあいだで争いになりがちです。日本で相続税を払う人の割合は、2015年の法改正で増加したとはいえ、せいぜい8％です（平成29年国税庁調べ）。親は、「節税」「非課税」に目を奪われるよりも、財産を受け取る子どもたちがもっとも「幸せで豊かになる形」を優先して考えるべきです。

では、知的障がいのある子にとって、「幸せで豊かな人生」とは何でしょうか。

それは、**子どもがお金をもっていることではなく、「子どものためにお金を使ってくれる人がそばにいること」にほかなりません**。法定後見人は子どものお金を、子どもの

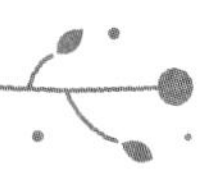

望む通りに使うかどうかわかりません。前にお話ししたように、ストレートパーマさえ許してくれない後見人がいるのです。見ず知らずの弁護士などの〝専門家後見人〟の個人的な価値観や常識論で、子どもの行動が制限されてしまう可能性が高いのです。

何も準備しなかった親ができることは、「どうか、法定後見人が『当たり』でありますように」と、祈るだけです。

子どもの幸せを願うなら、子どもの立場で考えてお金を使ってくれる人をそばに置き、その人が十分なお金を使える状態にしておかなくてはいけません。

その役目を担えるのは、多くの場合は母親しかいません。父親なきあと、母親に十分なお金があれば、子どものそばで暮らし、子どものためにお金を使うことができます。

母親に財産をのこすことが、子どもの幸せにつながるのです。

そこで、私は自分が死んだあと、妻と子どもが幸せに生きていくためのしくみ作りを考えました。ベースとなるのは、次のような原則です。

- **娘には500万円以上のお金を持たせないこと。**
- **娘を不動産の名義人にしないこと。**

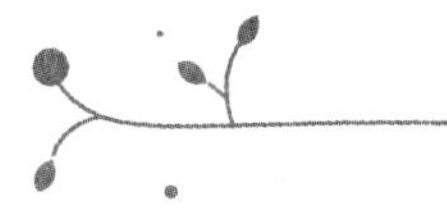

・私が死んだら全財産を妻がコントロールできるようにすること。

・必要資金をのこすこと。

これが実現できれば、妻は私がいなくなっても安心です。お金がすべてではありませんが、必要十分なお金があれば、いつも娘のそばにいて、娘と一緒に幸せで豊かな人生を送れるはずです。

妻が安心して長生きするために、資金を調達する

私が死んだあとの妻と娘の幸せの形は「ずっと一緒に過ごせること」です。妻は、娘の就労する場所に近いマンションに住み、自分の身体の自由が利くかぎり、娘と一緒に暮らしたいと願っています。そのために私は、妻が働かずとも、安心して娘と暮らせる状況を作らなくてはなりません。

▼夫なきあとに備えて、妻のライフプランを見直す

そこで、夫なきあとの妻のライフプランを、お金の面から考えてみました。

夫が死んだあと、妻のおもな収入源のひとつは、夫の遺族年金です。受給できる遺族年金の目安は、年金事務所で教えてくれます。夫の年金手帳など基礎年金番号がわかるものを持って、近くの年金事務所や年金相談センターに行ってくださ

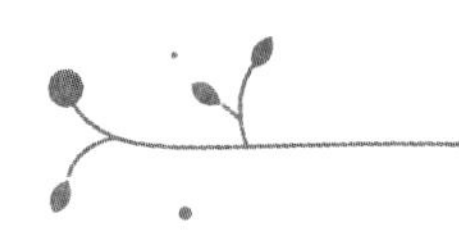

い。なお、本人の身分証明書など、いくつか必要書類があるので、日本年金機構のホームページ（https://www.nenkin.go.jp）で確認してください。

ただ遺族年金の受給額は、夫が納付していた期間や保険料の支払額によって異なりますが、それまでの生活水準と比べると、必ずしも十分な金額ではないはずです。

では、遺族年金と現在の貯金を合わせても生活費が不足する場合、どうやって生活費を捻出すればよいのでしょうか。それを補うには、生命保険がもっとも適していると私は考えました。

▼遺族年金の不足分を生命保険で補う

私が考えた基本的なプランは、次のようなものです。

例えば、遺族年金受給額が月額10万円と仮定しましょう。

妻が90歳まで生きるとして、50歳から90歳まで、生活費が毎月30万円かかるとします。

毎月の不足額は20万円ですから、40年間では、

20万円×12か月×40年＝９６００万円

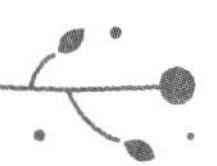

これが、今、私が死んでしまった場合、妻が90歳で亡くなるまでに必要なお金の合計です。これを、私が死んだときに、妻が生命保険で受け取れるようにしておくのです。

もちろん、生活費となる生命保険の必要額は、それぞれの生活によって大きく異なります。ひと月30万円で足りる人もいれば、50万円でも足りない人もいるでしょう。80歳を過ぎれば、そんなに生活費はいらない、という見方もあります。

大事なのは、自分がどれだけのお金を必要とするのか、きちんと計算してみることです。一般に生命保険は「何となく」入っている人が多く、長生きすることを計算せずに60歳位で保障がなくなってしまうことも少なくないようです。しかし、こうして計算することで、本当に必要な額を知ることができます。

▼一時的な大金では、生き抜くことは難しい

ある女性の話です。彼女は夫の生命保険金の受取人になっています。

「夫の生命保険金は2000万円なのですが……」と言うので、よく話を聞いてみると、それは夫の年収の2年分にしかならないとのこと。

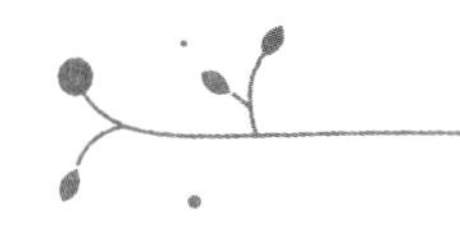

彼女は夫の両親と同居していました。

「あなたとそのご両親とは、仲がいいですか?」

と、尋ねました。彼女は、首を横に振ります。

「夫が亡くなれば、私は家を出ることになる、そのほうが、互いに幸せだから」

と言っています。すると今の生活費に加え、新たに住居費がかかることになります。

夫が亡くなったからといって、住まいや衣服、生活費、車など、急に生活の質を落とすことはできないものです。だとしたら、**せめて今の生活レベルを元に90歳までの必要額を計算し、遺族年金やほかの収入や蓄えの不足分を生命保険で手当てしておくことが最善の策でしょう**。

また場合によっては、自分の親から財産を受け取ったり、親の不動産を相続したりすることもあるかもしれません。けれども、まずは自分たちが自助努力をすべきで、これまでお話ししてきたように、遺族年金や生命保険など、夫婦2人でできることを考えて将来の見通しを立てるべきです。

そのうえで自分の親に、「お父さんお母さん。今、私たちはこういう見通しで、ライ

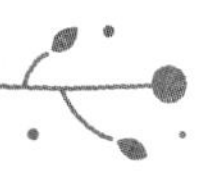

フプランを立てたのですが……」と、やるべきことをやったうえで相談するのが筋ではないかと思うのです。

▼生命保険信託でお金を適切に妻に渡す

さて、私が死んだあと、妻が1億円近くの生命保険金を受け取ることになったとしましょう。問題となるのが、その受け取り方です。

いきなり妻の銀行口座に1億円近くが振り込まれたら、妻はそれを管理しきれるでしょうか。

宝くじに当たった人が、必ずしも幸せにならないのと同じで、突然大金を手にすると、ろくなことはありません。詐欺にあうかもしれませんし、危うい投資に手を出して全財産を失うかもしれません。また、お金に困った親族や友達に頼まれれば、お金を渡してしまうこともあるでしょう。

こうしたリスクを防ぐには、妻がコントロールしやすいしくみにすることです。

毎月、給料のように決まった額が妻の口座に振り込まれるようにして、のこりのお金

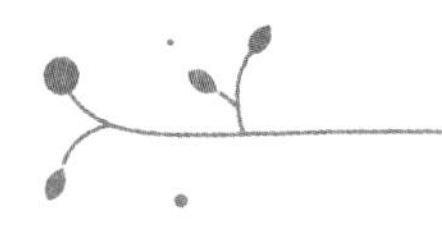

は簡単に引き出せないようにしておきます。そして、例えばうちの娘に不測の事態が生じて手術代が必要になったり、妻が高齢者介護施設に入ったりするときには、ストックされたお金から引き出せるようにしておくのです。

私は、妻と娘のために生命保険信託を使うことにしました。現在、日本で生命保険信託を扱う会社は数社しかありませんが、生命保険会社と契約し、信託会社を経由するしくみで、これを使うと次のようなことができます。

前述の例でいえば、妻は遺族年金が10万円受け取れるので、不足分は20万円でした。これを、毎月の給料のようにして、定額のお金を信託会社から妻に振り込まれるようにします。

その後、妻が早くに亡くなり、障がいのある私の娘だけがのこされた場合には、娘が権利を引き継げるように指定し、滞りなく生活できるだけのお金が振り込まれるよう契約しておきます（Ｐ１０３参照）。娘は障害年金を受け取れるので、生命保険信託からは月額10万円の振込があれば十分です。

そして、**最終的に娘が亡くなったあと、もしも何がしかのお金がのこっていれば、公**

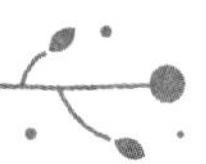

益団体等に寄付できるように生命保険信託で指示しておくこともできます。

あとで詳しく述べますが、このように「遺贈寄付」といって、支援したい人や法人等に遺産を贈る方法もあります（P157参照）。私と妻は、のこった財産を、障がい者を支援する公益財団法人に遺贈寄付することにしています。

▼上限を超えるお金が必要になった場合のために指図権者を指名

生命保険信託では、定めた上限を超えるお金が必要になった場合に備えて、信託の権利を受ける受益者（妻など）に契約の変更や払い出しなどの手続きができる人「指図権者」を、あらかじめ指名しておくことができます。

例えば、いざというときには指図権者が、入院費や施設への入所費を支払うように信託会社へ指示してくれるので安心です。**「指図権者が認めれば、上限を超える払い出しも可能」としておけば、万が一の事態にも備えることができます**。

指図権者は、親族のほか、弁護士法人、司法書士法人、税理士法人を指名することも可能です。信託会社によっては、社会福祉法人や作業所も指図権者として認めてくれる

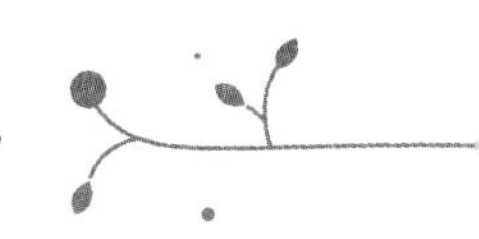

ところがあるので相談してみてください。

私の場合は、「親心後見」等の作成にも尽力していただいた、うちの娘のことをよく理解してくれている司法書士にお願いしています。

ただし、妻が認知症になるなど、判断能力が低下したときには、後見人が必要になる可能性があります。このため、事前に適切な受任者を選んで公正証書で任意後見契約を結んでおくことが必要です（P143参照）。

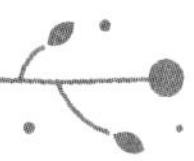

生命保険信託のしくみ

委託者である夫は生命保険会社と生命保険契約を結び、信託銀行や信託会社を受託者として信託契約を結ぶ。夫が亡くなったら、信託銀行が生命保険会社に保険金を請求し、支払いを受ける。信託銀行は受益者である妻に、あらかじめ定められた方法で金銭を支払う。

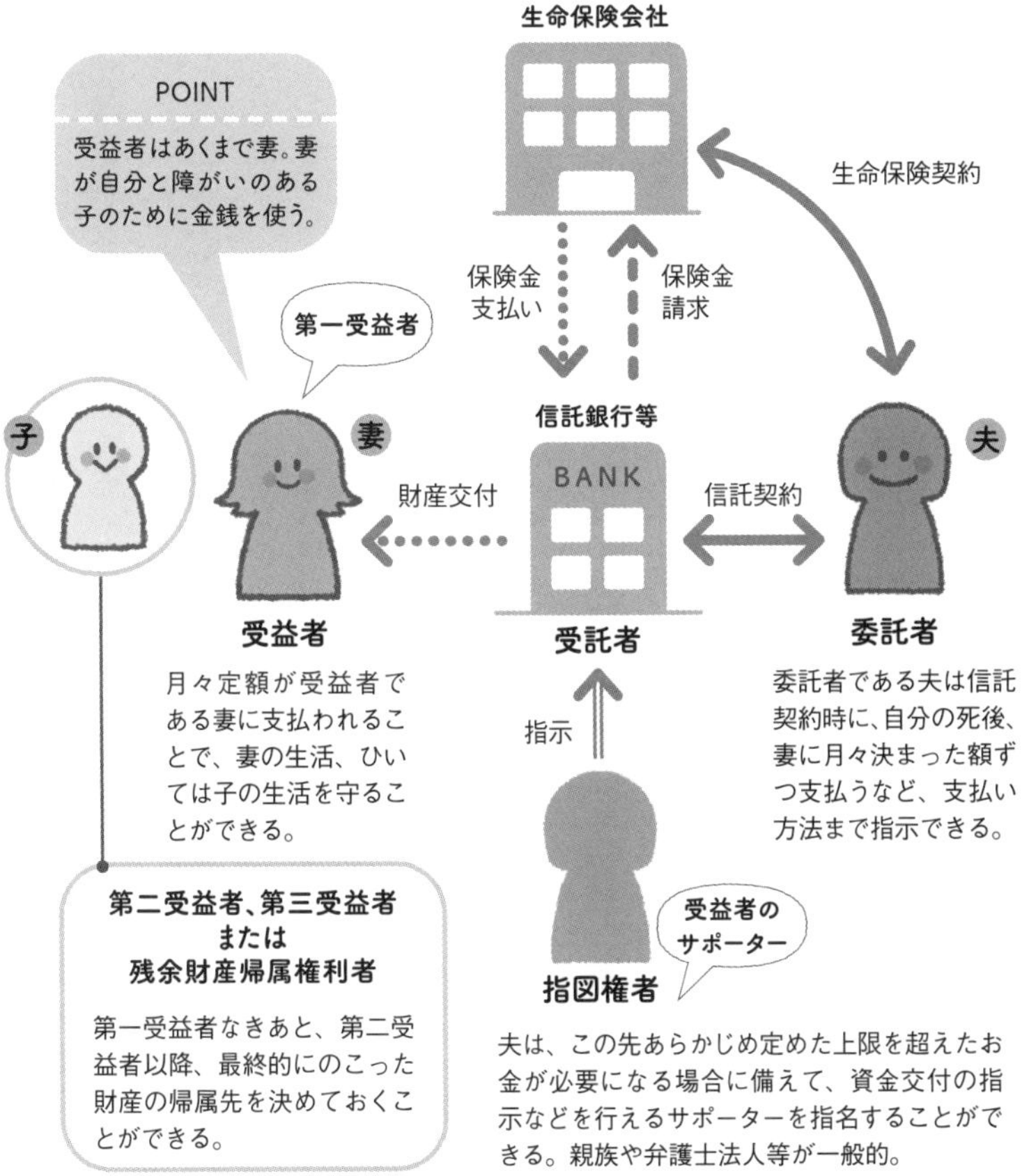

生命保険会社

POINT

受益者はあくまで妻。妻が自分と障がいのある子のために金銭を使う。

生命保険契約

保険金
支払い

保険金
請求

第一受益者

信託銀行等

子

妻

夫

BANK

財産交付

信託契約

受益者

月々定額が受益者である妻に支払われることで、妻の生活、ひいては子の生活を守ることができる。

受託者

委託者

委託者である夫は信託契約時に、自分の死後、妻に月々決まった額ずつ支払うなど、支払い方法まで指示できる。

指示

第二受益者、第三受益者
または
残余財産帰属権利者

第一受益者なきあと、第二受益者以降、最終的にのこった財産の帰属先を決めておくことができる。

受益者の
サポーター

指図権者

夫は、この先あらかじめ定めた上限を超えたお金が必要になる場合に備えて、資金交付の指示などを行えるサポーターを指名することができる。親族や弁護士法人等が一般的。

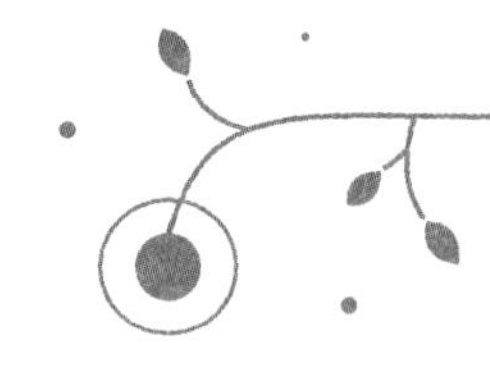

死に際ではなく、今作る意味がある「とりあえず遺言」

親なきあとの必要資金を計算し、生命保険を準備したことで、妻と娘には私が死んだあとも安心して生活できる基盤が整いました。けれども、本当にこれで万全でしょうか。私はまだ50代です。日本人の平均寿命からすれば、あと30年以上生きられることになっていますが、いつ、間違って死なないともかぎりません。

▼娘が成人したあとに私が死ぬと、娘に後見人がつく

娘が成人したあとに、もし、私がぽっくり死んでしまったら、どうなるでしょうか。

私の財産の相続手続きを行うためには、（娘の判断能力の状態にもよりますが）娘に後見人をつけることになるかもしれません。後見人は、娘の当然の権利として、法定相続分を娘の財産にすると主張するでしょう。そうなれば、娘の財産は後見人や後見監督

人に管理されることになり、娘の幸せのためには使ってもらえなくなるかもしれません。

また、相続財産に不動産があれば、それも娘の名義になる可能性があります。

先にお話ししたように、判断能力がないと認められた人間に不動産の名義を渡せば、その不動産は売買も賃貸も簡単にはできなくなります。後見人主導のもとで自宅以外の不動産は売却可能です。売却で生まれたお金は、後見人の報酬として消えていく恐れもあるのです。

これを回避するには、ひとつは、娘が未成年のうちに準備する「親心後見」です。もうひとつ、私は、さらに押さえとして遺言を準備することにしました。

▼「とりあえず遺言」は若いときだからこそ意味がある

遺言というと、最近はやりの「終活」の一環と捉える人が多いかもしれません。人生100年ともいわれる昨今、折り返し地点でしかない50代に「遺言」などと言えば、早すぎると考える人が多いのも無理のないことでしょう。

けれども、遺言を用意しておくことは、とても重要です。遺言がなければ、遺産分割

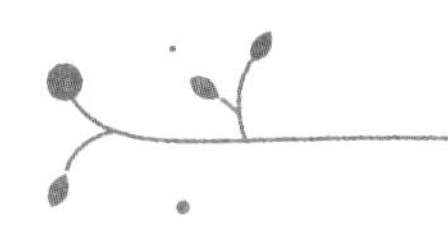

協議が必要になるためです。**遺産分割協議に障がいのある子の参加が必要になると、相続手続きにおけるさまざまな場面で、「トラブル」が生じやすいのです。**そのために現時点での遺言「とりあえず遺言」を作っておくことが大切です。

多くの人は若いときから生命保険に入りますが、これは「自分にもしものことがあった場合に備えて」家族のために準備しているからです。保険に入るときには、誰も今すぐ死ぬとは思っていません。もしもに備えて加入します。

遺言も、保険と同じです。死んだときに備えて用意しておくべきものなのです。

生命保険などのしくみを使えば、ある程度、自分なきあとのお金をコントロールすることはできます。しかし、株や不動産、その他の預貯金などの財産をすべて自分の意図する通りにコントロールすることはできません。**財産の行方を采配するには遺言という形がとても有効です。**保険と遺言をセットで準備しておくこと。これが、自分なきあと妻と子どもを守る最善の方法だと、私は考えました。

▼遺言、保険は「取り返しがつく」相続対策

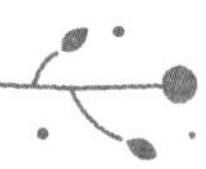

私が遺言と生命保険を選択したのは、このふたつが「取り返しのつく対策」だからです。相続対策にはさまざまな方法がありますが、大きく分けると、取り返しがつくものとつかないものがあることに気がつきました。

取り返しのつかない対策の代表格は、贈与と養子縁組です。

生前贈与などでお金をいったん渡してしまえば、あとから気が変わっても、なかなか返してもらうことは難しいでしょう。退職金や満期の保険金が入った親が、子どもや孫に小遣いや援助をして、自分の老後の蓄えが足りなくなる「贈与貧乏」になるケースもあり得ます。また、養子縁組がときに相続税対策目的で使われることがあります。養子縁組後もそのときと変わらぬ信頼関係が続いていれば問題ありません。ただ、関係が悪化したときには注意が必要です。

例えば連れ子のいる親同士が再婚し、養子縁組をしたあとで、離婚すると、相続をめぐり争いになるケースもあります。結婚するときから離婚を考える人はいないでしょうが、それでも三組に一組は離婚するといわれる時代です。将来のことはわからないので、取り返しのつかない対策は慎重になったほうがいいでしょう。

なかには、祖父母が相続対策に生前贈与や養子縁組を使おうとするケースがよくあります。**とくに判断能力のない子どもへの生前贈与や養子縁組は、注意すべきポイントがたくさんあります。障がいのある子の親なきあとの問題に理解が深い司法書士、弁護士、税理士等に相談したほうが安全です。**

その点、遺言や保険は「取り返しのつく対策」です。

遺言で「長男に全財産を」と決めたあとでも、長男から冷たい扱いを受ければ、「二男に全財産を」と、書き換えることができます。何度作り直しても問題はありません。

生命保険も、受取人を変えればいいだけの話なので、いつでもお金をのこす相手を変えることができます。

つまり、遺言や保険は、渡す側の一方的な意思でコントロール可能なのです。

いわば遺言と保険は、自分が死んだあと、どのように分けたいかを生前に決めておく約束なので、認知症にでもならないかぎり、何度でもやり直しがきくわけです。**さまざまな状況や時代の変化を見ながら柔軟に対応できるだけでなく、「わが子を大事にしてくれる人に財産をのこす」というような意思決定権を最後まで握っておけるというメリ**

ットもあります。

▼一切の財産は妻に相続させる

それでは、「とりあえず遺言」を作成する際のポイントをあげておきましょう。

遺言において何よりも大事なことは、判断能力のない子に財産が渡らないようにすることです。預貯金、不動産、株式など、どんな財産も、判断能力のない子の名義にしたら最後、親の意図するように動かすことが難しくなることを忘れないでください。保険の受取人は保険契約時に妻を指定することができますが、それ以外の財産については、遺言でコントロールするしかありません。

そこで遺言では、「一切の財産を妻に相続させる」旨を記します。

また、予備的遺言といって、自分が亡くなったとき渡すはずだった相続人がすでに亡くなっている場合のことも記しておきます。

例えば、妻が先に亡くなっていた場合には、障がいのない兄弟姉妹に相続させるケースもあります。私の遺言では、私の死亡以前に妻も娘も亡くなっているときには、「一

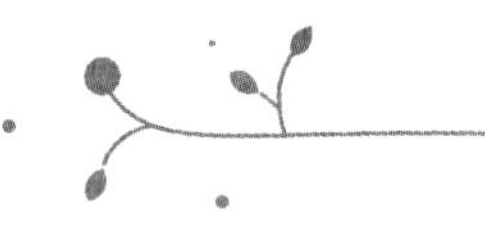

切の財産を某公益財団法人に遺贈する」としています。

遺言は、気が変わったらいつでも作り直しができます。もちろん公正証書作成のための費用はかかりますが、何度作り換えてもかまいません。配分や遺贈先も状況次第で変更可能なので、「とりあえず」でも決めておくことが重要です。

▼遺言があっても、遺留分が発生する

さて、これで私が死んだとき、妻がすべての財産を受け取り、娘のために使える状況を整えることがある程度できました。

けれども、ここでひとつ問題が生じます。それは、「遺留分」の問題です。

遺留分についいては、あとで詳しく説明しますが、簡単に言えば「ある一部の法定相続人に認められた最低限の相続分」です。**遺言がある場合、財産は遺言に従って相続されますが、配偶者や子どもなどかぎられた相続人には、遺言の内容にかかわらず遺留分を請求できる権利があります。**

遺留分は、あくまで請求によって得られるものなので、請求しなければ発生しません。

つまり、私の娘も遺留分を請求しなければ、遺言通りの内容で執行されるのです。ところが、もしも娘に後見人や後見監督人がついた場合、遺留分の請求（遺留分侵害額請求）が行われてしまうでしょう。

▼付言事項で後見人にメッセージを伝える

私は、これを避けるため、「後見人や後見監督人の方へ」とした付言事項を添えることにしました。それは、次のような内容です。


私の財産は、妻と娘との生活のために妻に全部を相続させることにしました。

知的障がいのある娘が自分で判断してお金を使うことは難しいためです。

娘が幸せで豊かな人生を送るためには、母親がそばで支えていくことが一番いいことだと考えます。

そのため、たとえ遺留分の問題があっても請求してほしくないと切に願っています。

妻と娘が仲良く安心して暮らしていくこと、娘のことを妻が守れるようにすることが私の一番の願いです。

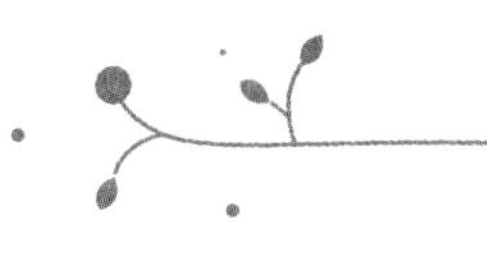

どうか娘の後見人・後見監督人になられる方に私の思いを踏みにじられることがないよう深い理解と共感を望みます。

この付言事項の前には、妻と娘に向けた言葉も記しています。

妻には、健康に気をつけて娘と楽しく暮らしてほしいということ。娘には、ママのお手伝いをして、２人で仲良く暮らしていってほしいということ。そして、何よりも２人に向けた、私の心からの感謝の気持ちを述べています。

残念ながら、後見人・後見監督人に対するこれらのメッセージは法的拘束力がないため、遺留分侵害額請求は行われてしまうでしょう。法的にいえば、後見人は被後見人の権利を守らなくてはならないので、遺留分侵害額請求をする義務があるからです。

それでも**あえて私がこの付言事項を載せたのは、親としての私の思いを、少しでも後見人・後見監督人に理解してほしいと願うからです**。

先に述べたように、法律は変わるものです。私たちのような願いをもつ親が増えることによって、障がいのある子を取り巻く法律が変わるかもしれません。そのためにも、私はこの付言事項には意味があると考えています。

「とりあえず遺言」のポイント

先々のために、夫が遺言を作る場合には、以下の４点に留意する。遺言の形式は、費用がかかっても公正証書遺言のほうが望ましい。また、遺言執行者には、遺言が執行される時期を見越して、そのときに存在している法人等を指定しておく。

❶ 一切の財産を妻に相続させる旨を記す
（障がいのある子には相続させない）

❷ 自分が亡くなったときに想定していた相続人（妻）が、
すでに亡くなっている場合のことも記しておく
（予備的遺言）

【予備的相続先の例】
・障がいのある子以外の子（兄弟姉妹）に相続させる
・公益法人等に遺贈寄付する

❸ 付言事項で障がいのある子の
後見人・後見監督人へのメッセージとして、
遺言書で指定した事項の背景を書き添える

❹ 遺言執行者を指定する。
個人より、弁護士法人や社団法人などの、
つぶれる可能性が少ない法人を指定するのがベター

付言事項は、本文とは別につける文章で、
法的拘束力はありません。
しかし、なぜこのような内容の相続分に決めたのか、
その背景にある思いを記すことで、
その後の争いを防ぐ可能性をのこしておきます。

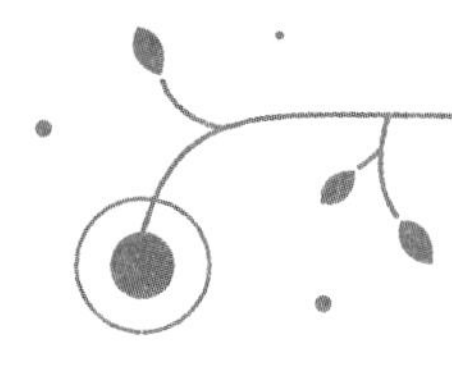

法律、税金、不動産、保険、人の気持ちに配慮した公正証書遺言を作る

遺言の話をすると、よく「自分で書いた遺言ではいけないのですか」と、尋ねる人がいます。自分だけで作成する遺言は自筆証書遺言といい、法律に定められた方法で作成されていれば、正式な遺言書として認められています。

ただし私は、自筆証書遺言は、あまりお勧めしていません。なぜなら、遺言作成にはいろいろな知識や知恵が必要だと感じているからです。**法律、税金、不動産、保険、そして人の気持ちに寄り添った多方面から内容を検討し、確実に実行するために「公正証書遺言」をお勧めしています**。後述しますが、公証人が作成する公正証書は、信頼性が高いことも大きな理由です（P139参照）。

▼自筆の遺言は結局手間がかかる

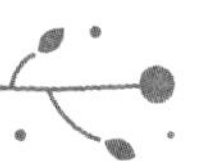

２０２０年７月10日から、法務局で自筆証書遺言を保管する制度が開始されました。その制度を使えば形式のミスなどはなくなると思います。しかし、内容がいろいろな角度から検討され、先読みをし、妻や子どもにとって最適なものかどうかは、やはり理解のある専門家のサポートが必要です。

自筆証書遺言は、実際に使うとき（つまり私が死亡したとき）、法務局に保管しなければ裁判所で検認という手続きが必要ですし、保管してもしなくても、私の生まれてから死亡するまでの戸籍を集めるといった作業が必要になります。

公正証書遺言は作るときに多少費用がかかりますが、のこされた家族の負担を最小限にするものです。それでなくても、私が死んだときさっとたいへんな妻に、煩わしいことをさせたくないと思ったのです。

それゆえ、**父親の最後の「思いやり」として、私は公正証書遺言を選びました。**

▼あまりにも膨大な遺言執行者の仕事

遺言では、遺言者の遺志を実現する「遺言執行者」を定めることができます。

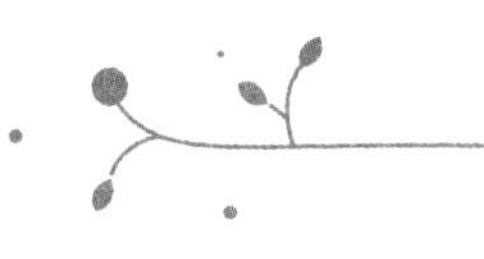

遺言執行者に指定された人は、相続人が誰なのかを戸籍を集めて確定させ、すべての相続人に就任の通知を送り、自分が遺言執行者就任を承諾したことを知らせる必要があります。

その後、亡くなった遺言者の財産を調べて財産目録を作り、遺言書の写しとともに、相続人に送付します。そして、遺言内容を実行し、仕事が完了したら、相続人に文書で報告します。

家族が亡くなったときの相続手続きをした人ならおわかりでしょうが、これにはたいへんな時間と労力がかかります。亡くなった遺言者の生まれてから亡くなるまでの戸籍を集めることに始まり、銀行口座や貸金庫、クレジットカードの解約、株式名義変更、不動産の登記など、書類や印鑑を必要とする煩雑な手続きに翻弄されることになります。とくに財産や相続人が多いケースでは、こうした手続きに不慣れな人が行うにはたいへんな労力を必要とするでしょう。

もし相続人のなかに、1人でも相続配分に不満を漏らす人や、連絡の取れない人、認知症の人などがいる場合には、なおさらのことです。

▼遺言執行者は「死なない、ぼけない、つぶれにくい」基準で選ぶ

では、遺言執行者には、誰を指定しておけばよいのでしょうか。

遺言執行者は、未成年と破産者以外、誰でもなることができます。相続人でなくてもかまわないので、信頼できる司法書士や弁護士などの専門家がいれば、その人を指定しておくことも可能です。

しかし50代でとりあえず遺言を作ったとしても、実際に遺言が執行されるのは30年、40年後かもしれません。

果たしてそのとき、指定した司法書士や弁護士の方は、認知症にもならずに元気で生きているでしょうか。そんな保証はありません。つまり、**30年以上先になるかもしれないことを、生身の人間に頼むのはリスクがあるということです**。

私は、個人よりも堅実でしっかりした組織をもつ法人を指定したほうが安全だと考え、私自身が所属する一般社団法人日本相続知財センター本部と、杉谷範子先生が代表をしている一般社団法人実家信託協会のふたつに依頼しています。

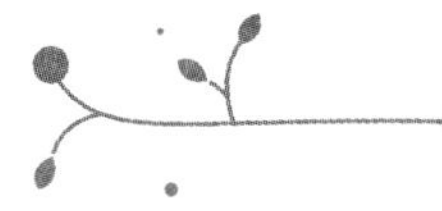

専門家の法人のなかには、大規模な事務所で数十年も続いているところが少なくありません。信頼できる法人を見つけて依頼することが、将来の遺言執行という約束の実現につながります。

遺言執行者の基準は、信頼できることも当然ですが、何より「死なない、ぼけない、つぶれにくい」ことが大前提だと思うのです。

自筆証書遺言と公正証書遺言

おもな遺言書は２種類。法的効力をもって財産の配分を指定できる文書で、手間や費用をかけずに手書きで作成する「自筆証書遺言」と、公証役場で証人２人の立ち会いもとで作成する「公正証書遺言」がある。公正証書遺言は数万円かかるが、信頼性が高く、相続発生後の手間が少ないためメリットが大きい。

	自筆証書遺言	公正証書遺言
方法	・手書き （財産目録のみワープロも可） ・日付、氏名を明記する （連名等は不可） ・捺印をする ・法務局の預かりサービスを利用可	・公証役場で証人２名の立ち会いのもと作成する ・本人確認書類、本人と相続人の関係を示す謄本、相続人または遺産を受ける者の住民票、財産の明細、遺言内容をまとめたメモを持参する
費用	・不要（法務局の預かりサービスは1件につき3900円）	・数万円
メリット	・費用がかからず、何度でも自由に書き直せる	・公証人が作成するので、信頼性が高い ・内容、形式等のチェックを受けられるので不備を防げる ・紛失した場合に、再発行可能 ・改ざんされる心配がないことに加え、相続発生後に手間が少ない
デメリット	・形式の不備で無効になることも ・紛失や改ざんの恐れがある ・家庭裁判所の検認が必要 （法務局に預けた場合は不要） ・亡くなった人の出生から死亡までの全戸籍及び相続人全員の住民票等が必要	・費用がかかる。作り直すたびに手数料がかかる

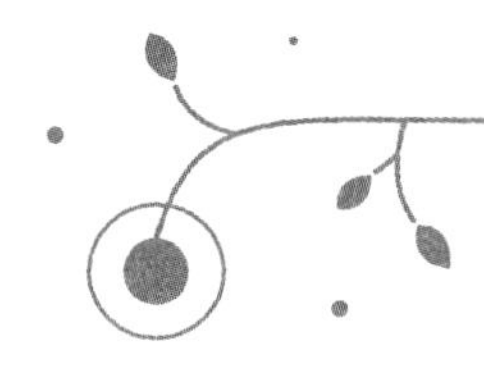

「遺留分」から妻と障がいのある子を守る

先に、遺言を作成してても、後見人が遺留分を請求してしまうと、財産の一部が障がいのある子に渡ってしまう可能性があることをお話ししました。

「遺留分」とは、遺言の内容にかかわらず、法定相続人が請求できる「最低限の相続分」です。相続において大切な概念ですが、少々複雑なルールがあるうえ、民法の改正で変わった部分もあるので、ここでわかりやすく解説しておきましょう。

まず、法定相続人を考えます。夫が亡くなった場合、夫婦に子どもがいれば、法定相続人は配偶者と子ども（子どもが先に死亡していたら孫）です。

夫婦に子どもがおらず、夫の親が存命の場合には、配偶者と親が法定相続人となります。夫の親がいない場合には、配偶者と夫の兄弟姉妹が相続人となります。兄弟姉妹が亡くなっていて甥姪がいる場合には、代襲相続といい、甥姪が代わりに相続することに

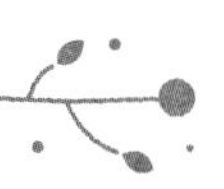

なります（P123参照）。このうち遺留分侵害額請求が認められるのは、配偶者と子ども（もしくは孫）、それに親だけです。つまり、法定相続人に兄弟姉妹や甥姪がなった場合には、遺留分は発生しません。

しかし、**子どものいない夫婦の配偶者が亡くなった場合、遺言がないと兄弟姉妹や甥姪に法定相続分を払わなくてはいけなくなる可能性があります。この場合、遺言に「配偶者に一切の財産を相続させる」としておけば、兄弟姉妹には遺留分はないため、まったく払う必要はありません。**

▼前妻の子から遺留分を請求される可能性も

子どもがいる夫婦の夫が亡くなり、配偶者に相続させる旨の遺言があった場合、子どもが遺留分を請求すれば、母親は子どもに支払う義務があります。障がいのある子に後見人がつくと、後見人は子どもの権利を守るために、遺留分を請求します。子どもに財産の一部が渡されてしまう可能性がある、というのはこのためです。

注意が必要なのは、夫が再婚で、前妻とのあいだに子どもがいるケースです。

親が離婚していても、子どもには遺留分が認められるので、前妻の子から請求されれば、遺留分を支払うのが今のルールです。

法定相続では、妻が2分1、子どもが2人いればそれぞれ4分の1ずつですが、遺留分は、子どもの場合、法定相続分の2分の1と定められているので、8分の1を支払うことになります。1億円の財産なら、1250万円です。生前、夫が、「うちは、前妻の子との関係も良好だから大丈夫。遺留分の請求なんてないよ」と、考えていても、現実は厳しいものです。どんなに関係が良好でも、1250万円もらえる正当な権利があると言われて断る人は少ないでしょう。

さらに、相続財産のなかで土地や家屋など不動産の割合が高いときは要注意です。支払う現金が少ないため、その不動産を手放したり、相続人がもっている預貯金をもち出して支払ったりすることになるからです。以前は、不動産や株式等で遺留分を払うことも認められていたため、賃貸をしている不動産を譲り渡したり、遺留分請求者との不動産の共有を強いられたり、事業継承が妨げられたりなどのトラブルも多く見られました（2019年から改正民法が施行され、現在、遺留分は原則として金銭で支払う）。

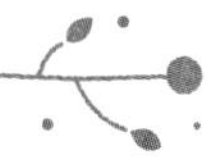

相続順位の基本と遺留分

相続人は民法上下記のように決まっている。しかし、遺言があれば、誰にどれだけ遺産を相続させるかを指定できる。ただし配偶者と第一位、第二位には、一定の割合の財産を請求できる遺留分が認められている。

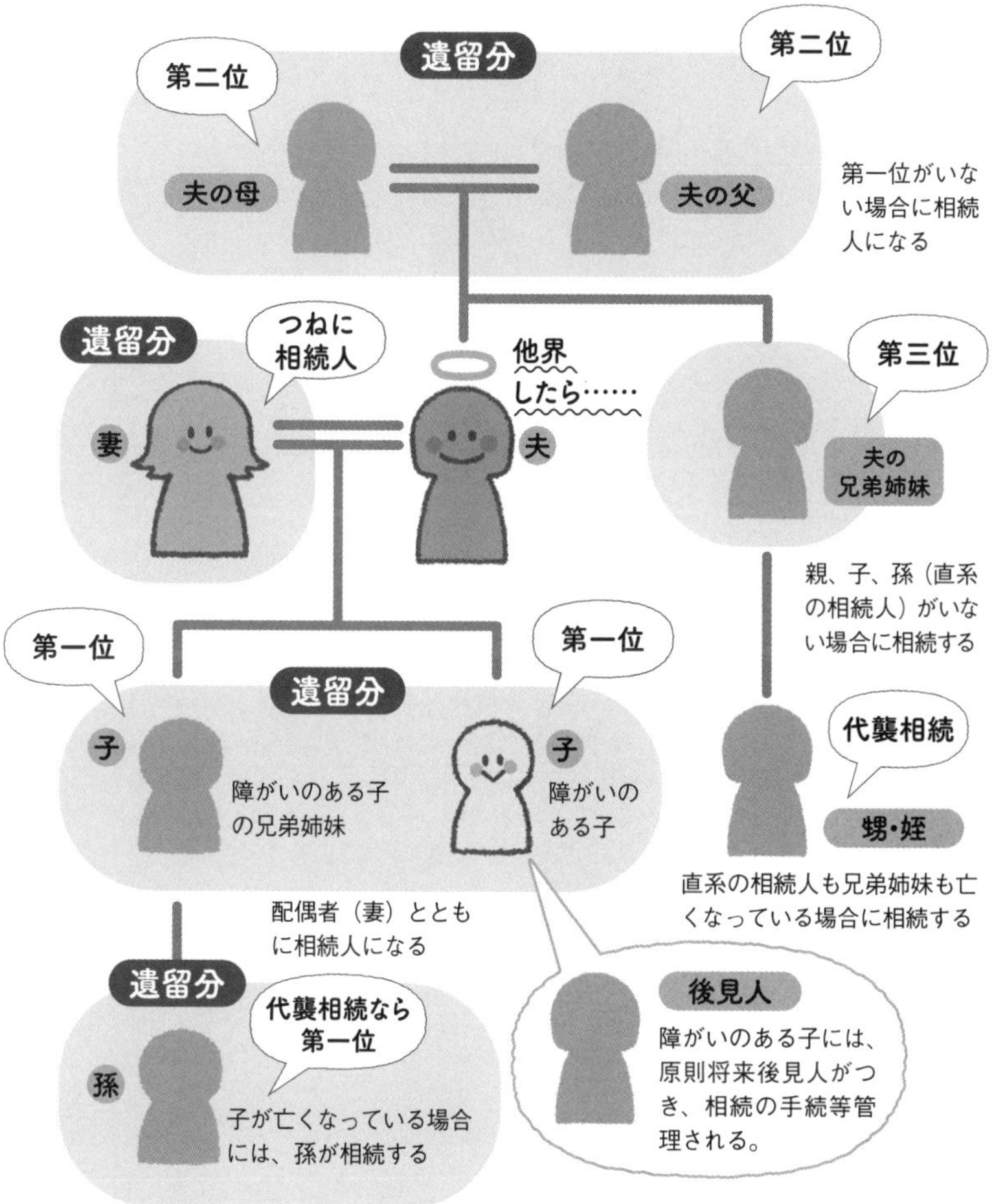

遺留分
第二位
夫の母
第二位
夫の父
第一位がいない場合に相続人になる

遺留分
つねに相続人
妻
他界したら……
夫
第三位
夫の兄弟姉妹
親、子、孫（直系の相続人）がいない場合に相続する

第一位
第一位
遺留分
子
障がいのある子の兄弟姉妹
子
障がいのある子
代襲相続
甥・姪
直系の相続人も兄弟姉妹も亡くなっている場合に相続する
配偶者（妻）とともに相続人になる

遺留分
代襲相続なら第一位
孫
子が亡くなっている場合には、孫が相続する
後見人
障がいのある子には、原則将来後見人がつき、相続の手続等管理される。

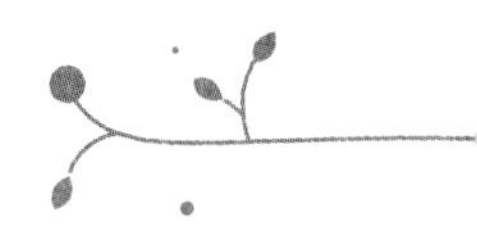

▼遺留分の問題があるときはお金が必要

相続時に遺留分が発生する可能性のある場合には、現金を用意しておく必要がありま す。預貯金が十分あれば問題ありませんが、不足しそうな場合はどうすればいいでしょうか。私は、生命保険がもっとも有効な方法のひとつだと考えています。

相続時に生命保険を利用することには、いくつかの大きなメリットがあります。

第一に、相続税申告が必要な場合、非課税枠が使えることです。

生命保険は法定相続人1人当たり500万円の非課税枠があります。法定相続人が母と子の2人の場合、1000万円までは非課税です。2000万円の生命保険を受け取っても、課税対象となるのは、2000万円－1000万円＝1000万円です。

最大のメリットは、早く受け取れるということ。所定の書類をそろえて保険会社に連絡すれば、**保険金は受取人（妻）の口座にすぐ振り込まれます。早ければ1～2日、遅くても10日以内には入金されるでしょう。**夫の口座は、銀行に本人が死亡したという情報が伝わるとすぐに凍結され、相続手続きが終了するまで引き出すことはできません。

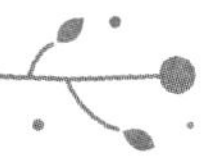

じつは、「これでは葬儀代も引き出せない」という問題が出てきたことで、２０１９年には遺産分割の話し合いがつく前でも、法定相続分の３分の１までは引き出せるようになりました。ただし「ひとつの金融機関で１５０万円が上限」という条件があります。

一方、生命保険は原則受取人である妻の口座に振り込まれるので、いくらでも即座に引き出すことができます。しかも生命保険は原則遺留分算定対象外なので、銀行に預けておくよりも、支払う遺留分を減らす効果が期待できます。

▼「みなし相続財産」で、現金に「名前」をつけておく

みなし相続財産とは、民法上の相続財産ではありませんが、相続税を計算するときに「相続財産とみなして相続税を課税する財産」のことです。代表的なものに「生命保険」や「死亡退職金」があります。**みなし相続財産は、現金や株、不動産などの相続財産と同じように相続税がかかりますが、受取人固有の財産のため、原則遺産分割協議が不要であったり、遺留分の対象にはならないものもあります**（ほかの相続人とのあいだに著しく不公平が生じる場合を除く）。したがって、預貯金や株などを換金し、生命保険に

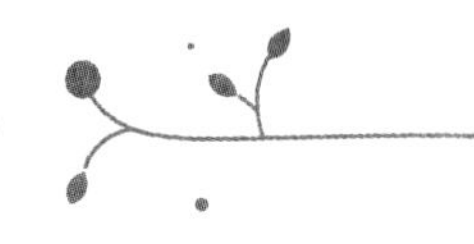

しておくということは、財産に受取人の「名前」をつけておくようなものなのです。

障がいのある子が財産を相続する際には、後見人など第三者が遺産分割の話し合いに介入することになり、財産をコントロールすることが難しくなります。これを避けるには、できるだけ「みなし相続財産」にして、お金に「名前」をつけておくとよいと考えたのです。

一方、商売などをしていて渡したい・渡すべき人が決まっている不動産などは、遺言で渡すしくみを作っておくと安心です。

▼特別受益がさかのぼれるのは遺留分では10年まで

遺留分についてはもうひとつ、民法改正によって変更されたルールがあります。

それは、法定相続人が被相続人から生前贈与などを受けていた場合、遺留分の計算に、さかのぼって持ち戻し（相続財産に組み入れる）できるのは10年までと定められたことです。私はセミナーでこれを「時効」と呼んでいます。

例えば、親は兄弟すべてに同じお金をかけているわけではありません。私立の医学部

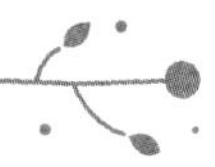

に行って医者になった兄と、小学校からずっと公立だった弟とを比べれば、教育費だけで数千万円の差があります。また、マイホームを買うときに頭金を出したり、孫の学費を出してやったり、子どもの必要に応じて援助することもあるでしょう。

このような贈与のことを「特別受益」といい、相続のもめごとのひとつとなってきました。実際、通夜の際、相続に話が及ぶと、「お兄ちゃんばかりお金かかって」「お前だって……」などと、見苦しい兄弟げんかをくり広げてしまう家族もいるようです。

このため、2019年7月からルールが変わり、相続人への特別受益の持ち戻しに10年の時効が定められました。例えば**親が兄弟の1人だけに多額の教育費を支払っていたり、マイホーム資金を援助したりしていても、10年以上昔のことであれば遺留分の計算には入れないというルールになりました。ただし、大切なことは遺言があるから「遺留分」なのであって、遺言がなければ「法定相続分」となります。つまり、トラブルを最小にするために「遺言」は最低条件だと考えています**。

親族間の心情的配慮はともかく、法律的にいえば、やはり遺言で財産の行き先を決めておくことで、トラブルを小さくすることができるようになります。

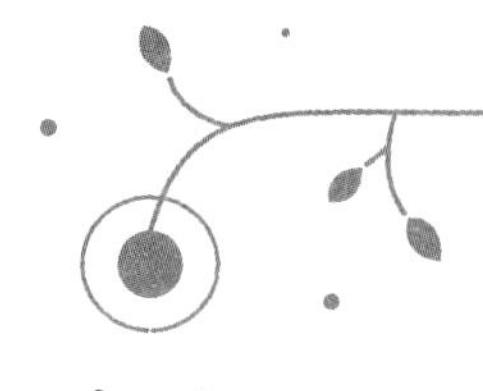

夫が認知症になるかもしれない？どうなる？　どう備える？

夫が亡くなった場合、妻は遺族年金や保険で暮らしていくことができます。では夫が認知症になってしまったら、どうなるでしょうか。

夫が何も準備しなければ、ある日突然、財産が凍結され、法定後見人にすべての財産を管理されてしまう可能性があります。妻が夫の年金や預貯金で暮らしている場合には、生活費も、後見人から貰うことになるので、非常に不自由な思いをすることになるでしょう。また、後見人は原則、通帳の中身を家族に見せる義務はありません。

また、前述のように、法定後見人と、場合によっては後見監督人にも報酬を支払わなくてはならないため、預貯金はどんどん目減りしてしまうことも……。

これを避けるには、**せめて妻が任意後見人になれるように準備しておく必要があります**。あらかじめ夫と妻が互いに任意後見契約を結んでおけば、どちらが認知症になって

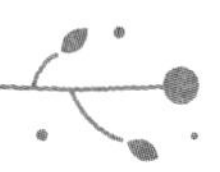

も対応することができます。ある程度の年齢になったら、自分が認知症になったらどうなるかについても、検討するべきだと思います。

▼信託契約で後見制度を回避する

ただし、任意後見でも後見監督人はつくので、監督人に対する報酬は払わなくてはなりません。また、すべての支出は監督人にチェックされるので、やはり生活費の制約は免れません。

このため、後見制度の利用を最小限に抑える場合には、信託契約を結ぶという方法もあります。**信託契約とは、ある目的に沿って、利益を受ける人（受益者）のために財産をもっている人（委託者）が、「信頼」できる人（受託者）に名義を変えて財産管理や処分を「託する」契約です。**

例えば、あらかじめ夫（委託者）が妻（受託者）とのあいだに信託契約を結び、自分の財産を、自分が亡くなったりしたら障がいのある子（受益者）のために使ってほしいとする契約を結んでおけば、妻は夫の財産を子どものために使うことができます。

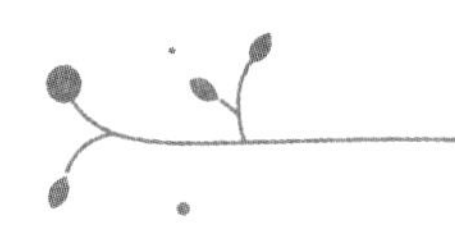

ただし、一般的には妻も夫とそれほど年齢が違わないので、妻にも認知症や死亡リスクがあります。このため、**もしも障がいのある子に健常な兄弟姉妹がいれば、夫と健常な兄弟姉妹とのあいだで信託契約を結んでおくという方法も利用できます**。

夫に不動産賃貸収入などがあると仮定しましょう。

夫（委託者）は、健常な兄弟姉妹（受託者）に賃貸不動産の管理を任せますが、当初は自分が受益者となり、賃料を受け取ります。そのなかから家族のための生活費などを支出します。このとき、**夫は自分が認知症になったり、亡くなったりしても受益者の権利を守るために、信頼できる人を「受益者代理人」として指定しておきます**。

夫が亡くなった場合には、妻が受益者となり、夫の代わりに賃料を受け取ります。さらに妻も亡くなったあとは、障がいのある子が受益者となり、健常な兄弟姉妹から直接生活費などを支払ってもらいます。

委託者と受託者との信頼関係で成り立つ信託ですが、裁判所などの監督はありません。そこで受益者代理人を置くことで、障がいのある子の代理人として受託者を監督し、その権利を守ることが可能になります。

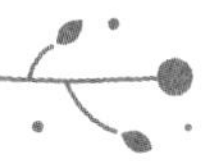

家族間での信託契約の結び方

夫（委託者）が妻（受託者）と信託契約を結べば、夫が認知症になっても、夫名義の財産を妻が運用し、夫（委託者兼受益者）や障がいのある子（受益者）のために使うことができる。妻の代わりに第三者を立ててもよい。

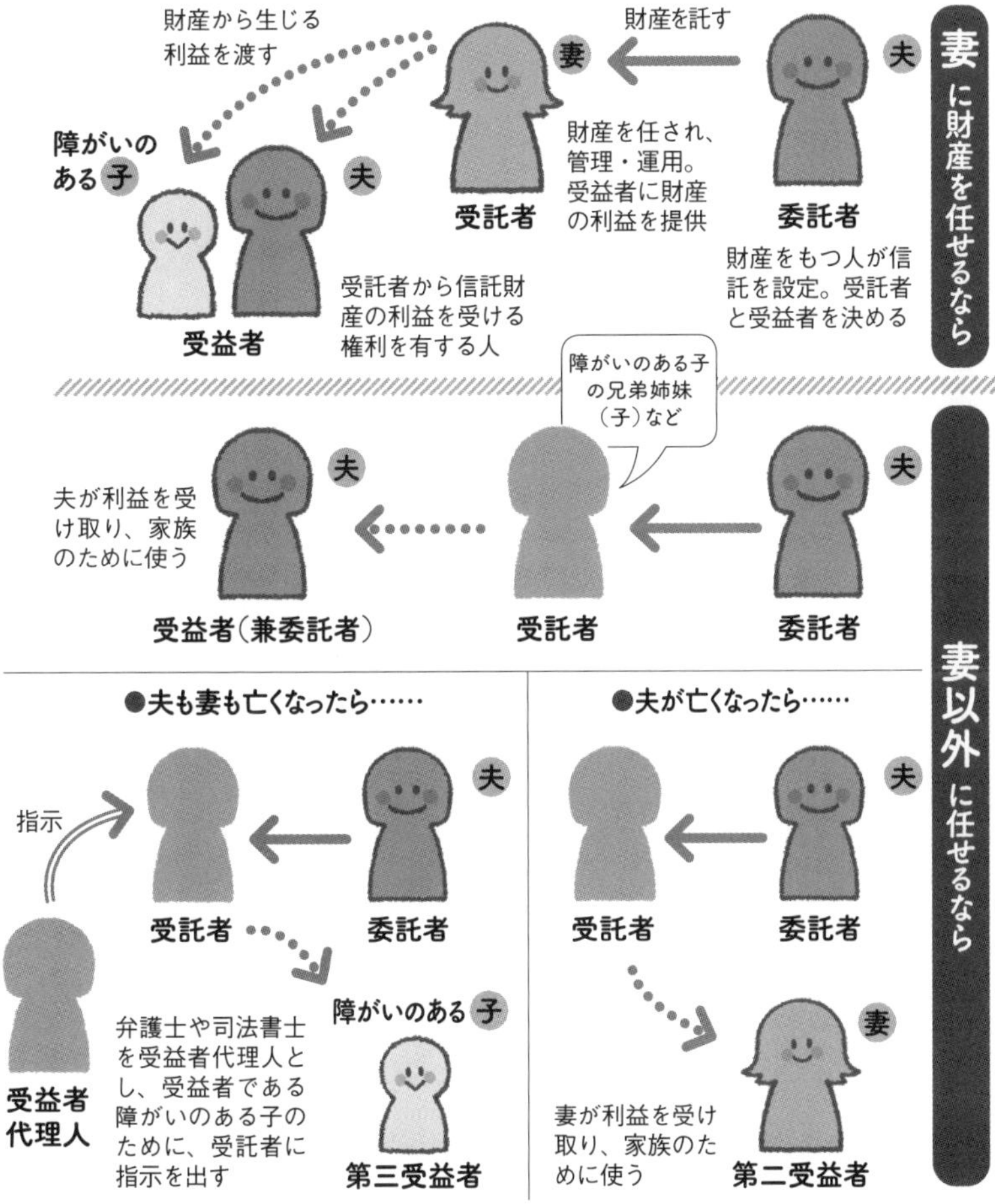

妻に財産を任せるなら

財産を託す
夫　委託者　財産をもつ人が信託を設定。受託者と受益者を決める
妻　受託者　財産を任され、管理・運用。受益者に財産の利益を提供
財産から生じる利益を渡す
障がいのある子　夫　受益者　受託者から信託財産の利益を受ける権利を有する人

妻以外に任せるなら

夫　委託者
受託者　障がいのある子の兄弟姉妹（子）など
夫　受益者（兼委託者）　夫が利益を受け取り、家族のために使う

●夫も妻も亡くなったら……

夫　委託者
受託者
受益者代理人　指示　弁護士や司法書士を受益者代理人とし、受益者である障がいのある子のために、受託者に指示を出す
障がいのある子　第三受益者

●夫が亡くなったら……

夫　委託者
受託者
妻　第二受益者　妻が利益を受け取り、家族のために使う

▼状況によって対策は異なるので、専門家に相談する

とはいえ、家族ごとに対策も異なります。健常な兄弟姉妹がいても必ずしも信託契約が結べるわけではありません。「夫」と健常な兄弟姉妹間で任意後見契約を結んだり、「夫」と「妻」という形で任意後見契約を結んだりすることで、法定後見人のリスクを抑えられるかもしれません。また、健常な兄弟姉妹がいなくても、信頼できる親戚や司法書士、弁護士、行政書士などがいれば、任意後見人になってもらうこともできます。

現実的には、親が健常な兄弟姉妹やいとこには頼みたくないと考えているケースも見られます。両親や兄弟姉妹、親族などとの関係が良好でなく、頼れる人がいないケースも目立ちます。障がいのある子の母親が、あらゆる状況に対して万全の備えをすることは簡単なことではありませんが、任意後見契約や信託契約を利用すれば、ある程度の備えをすることは可能です。

ただし法律の知識を要することなので、できるだけ障がい者の親なきあとの問題に理解のある専門家に相談して、適した対策を打ったほうがいいでしょう。

親が祖父母より先立つ場合の対策

予備的遺言の重要性

▼万が一の状況を想定した遺言があれば……

遺言を作成するときは、自分より妻（または夫）や障がいのある子が長生きすることを想定しています。

けれども、万が一、**遺産の受取人である妻や子が先に亡くなった場合、遺言が無効になってしまうことがあります**。これを避けるには、「予備的遺言」といって、万が一の場合を想定した遺言を用意しておく必要があります。

何年か前に、こんな事例がありました。

夫を失ったあと、家業の商売をしていたおばあちゃんが、事業継続のために「全財産を長男に相続させる」という遺言を作成しました。長男には息子（孫）もいて、先々は跡を継がせる予定でした。長女はすでに嫁いで家を出ていました。

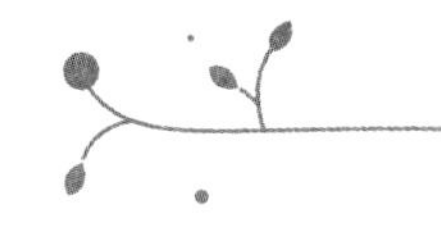

ところが、先に長男が亡くなってしまい、その後まもなく祖母も世を去りました。

孫は、祖母や父の思いがわかっており、自分でもすべてを相続して事業を継ぐつもりでいたのですが、葬儀のあと、父の妹である叔母がやってきて、言いました。

「おばあちゃんの遺言には、『長男にすべてを相続させる』とはあるけど、孫のことは何も書いてないんだから、この遺言は無効よ」

孫は、事業を継続するために土地や建物を含めた財産が必要だったので、自分の相続権を主張しましたが、叔母は納得せず、裁判になりました。

このケースは最高裁まで争われ、「長男の次に相続する人間を指定しなかった」とされて、財産は法定相続分に従って分割されることになりました。

祖母（母）
祖父（父）
（先に死亡）
遺言
叔母（長女）
父（長男）
（先に死亡）
相続人
子（孫）
相続人

祖母の「長男に全財産を相続させる」という遺言は、長男が先に死んだ時点で無効になる

もしもおばあちゃんが、「もし、長男が自分より先に亡くなっていたら、孫にすべてを相続させる」という予備的遺言を加えていれば、こんなことにはならなかったでしょう。

▼親族に迷惑をかけないための相続対策

このように、遺言を作るときには、万が一のことまできちんと想定しておくことが、とても大事です。とくに、障がいのある子がいる場合には、あらゆる状況を検討しておかないと、親族に思わぬ迷惑をかけることになりかねません。

例えばこんな状況を仮定してみましょう。障がいのある子の父親の両親、つまり祖父母がもともと不動産をもっていて、祖父なきあとは祖母が所有しています。父親には弟が1人いました。祖母が遺言等の準備をせず亡くなっても、不動産の所有権は父親と弟が相続することになります。

ところがこのとき、父親が祖母より先に亡くなったとしましょう。するとすると、**相続人は弟と障がいのある子になってしまいます**。障がいのある子に

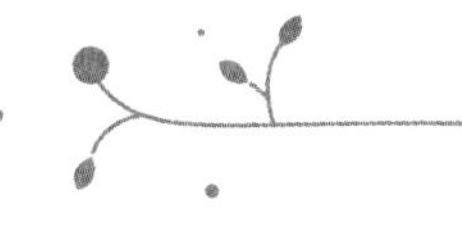

は後見人がついている可能性があります。後見人が遺産分割協議に加われば、障がいのある子が財産の一部や不動産の名義の一部または全部をもつことになり、その財産は後見人が管理するため、親族が動かすことは難しくなります。

このように、障がいのある子がいる場合には、いろいろな対策をとっておかないと、大切な家族や親族に迷惑がかかる恐れもあるのです。

人生100年とはいえ、すべての人が健康長寿をまっとうするわけではありません。ぼけて長生きする人もいれば、ある日突然、ぽっくり逝ってしまう人もいます。障がい者の親なきあとの問題に理解のある専門家と相談して、せっかく作った遺言が無駄にならないように、細心の注意を払い、作成しましょう。

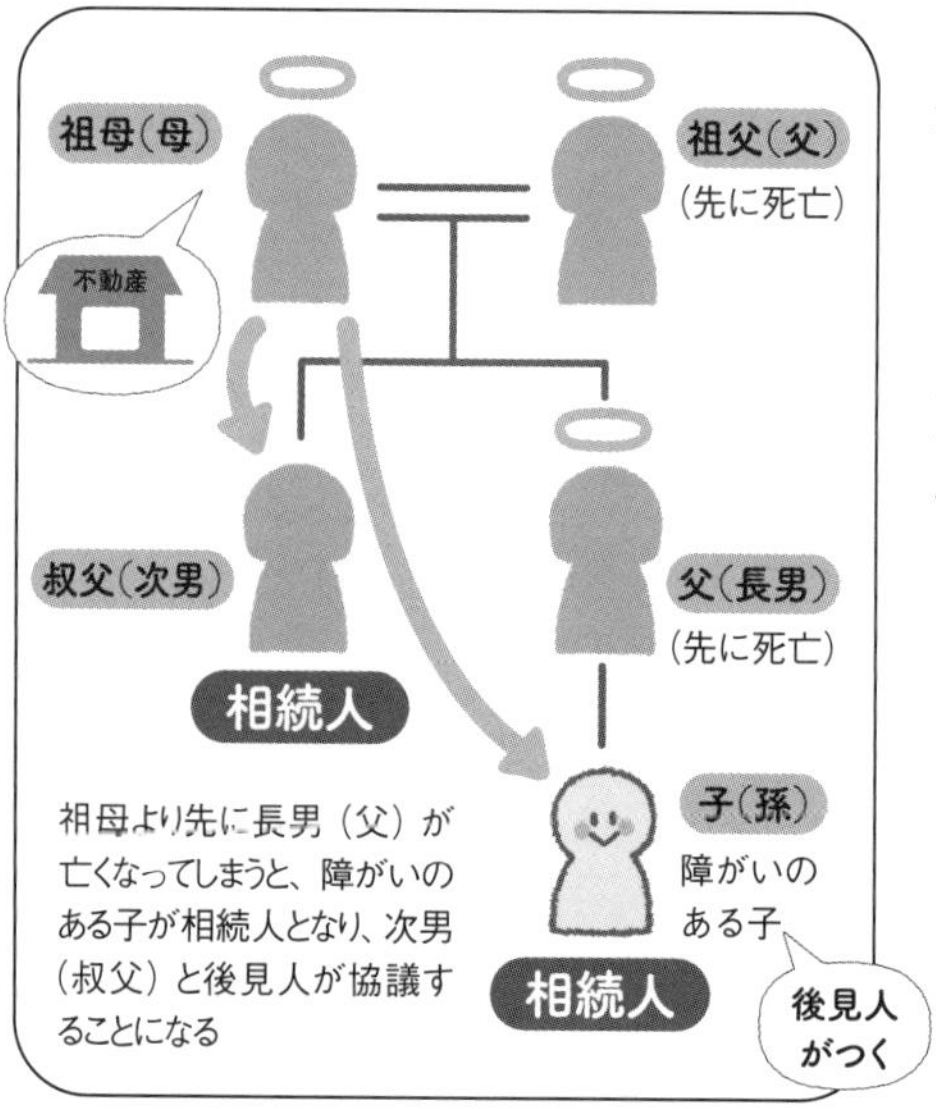

祖母より先に長男（父）が亡くなってしまうと、障がいのある子が相続人となり、次男（叔父）と後見人が協議することになる

第4章

妻が元気なうちに準備したい
家族への最後の贈りもの

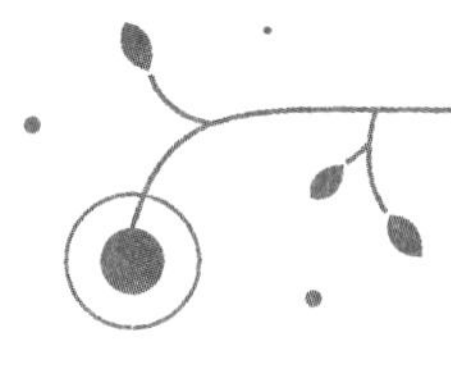

その他の公正証書で、子どもに降りかかる困難を取り除く

ここまで、「夫なきあと」、妻と子どもの生活を守るのに必要な対策についてお話ししてきました。

最後に考えなくてはならないのは、「妻が子どもの世話をできなくなったとき」または、「妻なきあと」の子どもの問題です。

妻がいつまで娘を支えることができるかは、誰にもわかりません。

厚生労働省によれば、日本人の2人に1人はがんを患い、高齢者の4人に1人が認知症または認知症予備軍だといいます。私が先立ったあと、妻ががんや認知症になったら、誰が妻を支えてくれるのでしょうか。

また、妻が支えられなくなった娘のことを、誰が世話してくれるのでしょうか。

夫として、また父親としては、そこまで考えてしまいます。

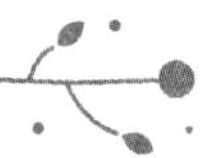

▼公正証書にしておくメリット

私は、このような懸念に対しても、きちんとした公正証書をのこしておくことが有効だと考えています。

公正証書とは、法務大臣に任命された公証人が作成する公文書で、信頼性が高く、強い証明力や執行力をもちます。また、公証役場で原本が保管されるので改ざんや紛失の心配もありません。自分の判断能力が低下したり、死んでしまったあとも、契約がうやむやになることはないので安心できます。

公正証書には、これまでお話ししてきた公正証書遺言（「とりあえず遺言」Ｐ１０４）や任意後見契約公正証書（Ｐ76）のほかにも、さまざまな種類があります。妻の判断能力がなくなったとき、財産やお金の管理はどうするのか、妻は、自分の最期にどんな医療を望むのかなど、リスクを想定し、夫婦で考えてみましょう。

50代ではまだ早いと言われるかもしれませんが、夫婦が元気なうちにこそ、こうした対策を検討しておく必要があると思います。

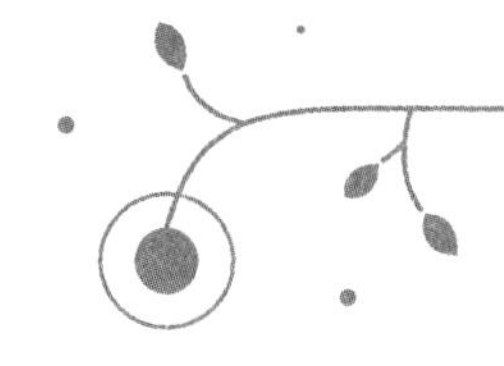

身体が不自由になったときのために「財産管理等委任契約」

認知症ではなく判断能力があっても、加齢で身体の自由が利かなくなり、思ったように外出できなくなってしまうこともあります。このような状況で有効なのが、「財産管理等委任契約」です。

▼困難になった財産管理を代理人に任せる

財産管理等委任契約は、自分の財産管理をあらかじめ指定した代理人に任せる契約で、「任意代理契約」とも呼ばれています。

委任する仕事の内容は、例えば預貯金の預け入れや引き出し、所有する不動産の管理や契約、保険の契約や解約、公共料金等の支払い、生活に必要なものの購入、介護施設の入所契約や介護費用の支払い、入院時の契約などです。

ただし、あくまで判断能力があるという前提で外出などが困難になった場合に手続きを任せるためのものなので、後見の代わりにはなりません。契約時には、何をしてほしいのか、委任する範囲を限定しておかないと、トラブルになる恐れもあります。

なお、私文書でも有効ですが、本当に代理権が与えられているのか信頼性に劣るため、通常は公証役場で公正証書を作成します。

▼母子を理解し、親身になってくれる人を選ぶ

財産管理等委任契約の公正証書は、任意後見契約とセットで行わないと受けてくれない公証役場もあります。妻の任意後見契約は次の項で詳しくご紹介しますが、任意後見契約のオプションというイメージです。

財産管理等委任契約では、財産管理を任せる人（受任者）を選びます。契約時、本人（妻）に判断能力があるとはいえ、その後の財産管理を委任するのですから、選任は慎重に行う必要があります。

一般的に、受任者には家族や親族を選ぶことが多いようですが、適当な人が見当たら

ない場合には、弁護士や司法書士などの信頼できる専門家に依頼することもできます。
ただし、障がいのある子の母親の場合には、できるだけ母子のことをよくわかっていて、親身になってくれる人を選ぶことが望ましいと思います。

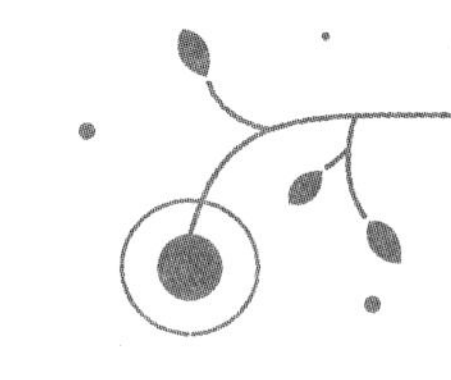

認知症になったときのために「任意後見契約」

これまでお話ししてきたように、何も備えずに認知症になってしまうと、財産管理や契約を行う際に法定後見人がつけられてしまう可能性があります。

妻の財産管理においても、これを防ぐ対策のひとつは、任意後見契約です。

妻が、信頼できる人や団体とのあいだに、あらかじめ任意後見契約を結んでおけば、判断能力が低下しても任意後見人が財産管理などを行ってくれるので、見知らぬ第三者が後見人につくことはありません。

妻が自分の任意後見人を決めても、後見監督人がつくので、任意後見人が妻の財産から子どものためにどこまでお金が使えるかはわかりませんが、少なくとも法定後見人に全財産を握られ、まったくコントロール不能になってしまうよりはいいのではないでしょうか。

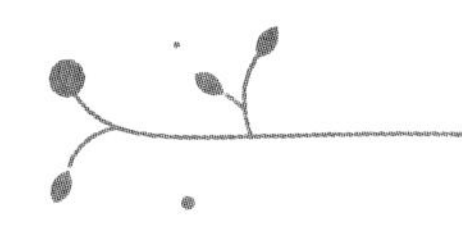

任意後見人には、妻だけでなく娘のことも理解し、2人の幸せを考えてくれる人を選ばなくてはなりません。前述のように、30年先を見越した対策を立てるには、「死なない、ぼけない、つぶれにくい」を基準に考えなくてはならないので、適任者を探すのは簡単なことではないでしょう。

けれども、とりあえず今、法定後見人がつくという自分ではコントロールできない事態を回避するためには、ベストでなくてもベターな選択肢として任意後見人を決め、任意後見契約を結んでおくことは必要と考えます。

▼信託契約なら「ぼけても、死んでも」安心

もうひとつ有効なのは、先にお話しした家族間での信託契約（P129）です。

信託契約とは、財産のある人（委託者）が、その財産からの利益を受け取る受益者のために、信頼できる人（受託者）に財産を託し、財産管理や処分を行ってもらう契約です。最近では、信託銀行などで「家族信託」と称する商品が出ているようですが、これらは金銭のみを対象とした金融商品もあるようですので内容をよく確認してください。

妻と障がいのある子のために考えられる信託契約は、次のような形です。**まず委託者兼受益者を妻、受託者を信頼できる親族や知人とする「自益信託契約」を結んでおきます。妻が認知症などで判断能力が低下したとしても、後見人をつけずに、受託者となった人が妻のため、または生活費などのためにお金を使ってくれます。**

妻の認知症が進んで施設に入ることになれば、家の売却なども行ってもらえます。ただし、入所契約は信託ではできないので、後見人が必要になる可能性があります。

妻が亡くなったあとでも受託者の権限は変わりません。受益者が子どもに移るだけなので、「ぼけても、死んでも」万全な対策だといえるでしょう。

任意後見契約も信託契約も、専門的知識が必要ですから、親なきあとの問題に理解のある専門家に相談することをお勧めします。とくに信託契約は、しくみを熟知していないと適切なアドバイスができないので、信託契約を豊富に扱っている司法書士や弁護士、行政書士などの専門家にお願いするといいでしょう。

やはりこれらの契約も、夫なきあとに結ぶより、夫が元気なうちに準備し、最終的に障がいのある子を守れる体制を作っておいたほうが安心できます。

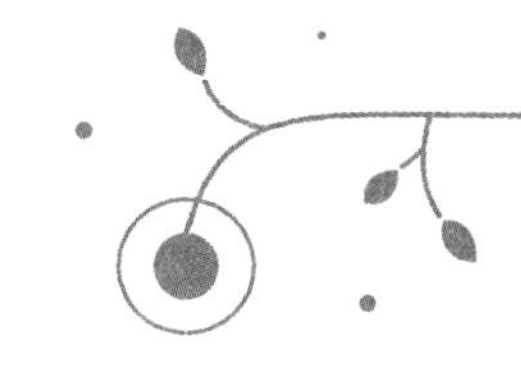

延命治療の判断を子どもに決めさせないために「尊厳死宣言」

現在の日本の最新医療では、かなりの状況で「命を永らえさせる」ことが可能になりました。

呼吸ができなくなっても人工呼吸器で肺に酸素を送ることができ、食事ができなくなっても胃ろうや点滴で水分や栄養を補給することができます。

こうした医学の進歩は、恩恵が大きいように思えますが、じつは弊害もあります。

医師は、治療をすることで人を生かすことが使命です。手段があるなら、延命のための治療を行おうとします。

このため、ほとんど意識のない認知症の患者さんが何年も寝たきりで過ごしたり、余命いくばくもない高齢者に心臓マッサージをほどこしたりすることになるのです。

私は50歳になるまでに、私と妻の双方4人の親を見送りましたが、全員、最期は認知

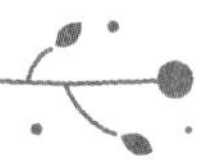

症などで介護が必要となりました。なかには口から栄養がとれなくなり、チューブで胃に直に栄養を送る胃ろうを行い、半年間も管につながれたまま過ごした親もいます。果たしてそれが親にとって幸せだったのか、正直、今も後悔している部分があります。

▼自分の望む死に方をするために、意思表示する

こうした「一分一秒でも長く生かす」ことを目的とした終末期医療から、「苦しまない自然な死に方」へと舵を切るために、厚生労働省は近年、いわゆる「人生会議」を提唱しました。家族で終末期医療について話し合い、「万が一」のときの治療方針を確認しておきましょう、というものです。

厚生労働省のガイドラインでは、終末期の延命治療について、基本的には本人の意思表示を必要としながらも、意思確認ができない場合には、家族や親族が本人の意思を推定して治療方針を決めることができる、としています。

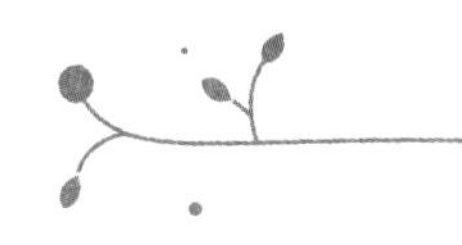

▼娘が判断できなければ、母親が望まない延命治療が行われる

私が先立ったあと、妻が終末を迎えたときには、娘に最終判断が委ねられます。ところが私の娘の場合には、適切な判断を下すことはできません。ほかに健常な兄弟姉妹がいれば、「母は延命治療を望まないと思います」と、言ってもらえるかもしれませんが、わが家の場合、ひとりっ子ではそういうわけにもいきません。

もしかしたら、妻の体には何本もの管がつながれることになるかもしれません。

また、意識のないまま何年も生き永らえる可能性もあります。

最近では**「延命治療破産」という言葉さえあるように、延命治療には手間もお金もかかります**。妻は、望まない延命のための医療処置にお金を払い続けながら、それをやめる術もないのです。

▼自分の望む「死に方」を伝える「尊厳死宣言」

では、こうした状況を避けるためにはどうすればいいのでしょうか。

これには「尊厳死宣言」という公正証書が有効となります。

「尊厳死宣言」とは、自分が不治の病などにおちいり、死が迫っている状況において、延命だけのための処置は行わず、尊厳ある死を望む、というものです。

具体的には、人工呼吸器や心臓マッサージなどの心肺蘇生、胃ろうや高カロリー輸液などの栄養補給、点滴などの水分補給について、自分の望むこと、望まないことを記しておきます。

近年では、入院時に「リビングウイル」などの名称で、本人の意思確認をする病院も増えているようですが、万が一に備えて、健康なときから準備しておくことを検討すべきだと思います。

「尊厳死宣言」は、公正証書でなくても認められることはありますが、メモ書きや私文書などで、本人の意思がきちんと証明されなかったり、大事なことが抜けていたりすると意味をなしません。自分の最期を決める大事な書類なので、これも公証役場で作成してもらうことをお勧めします。

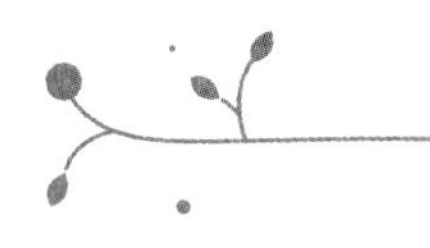

▼「尊厳死宣言」は、最後を任せられる信頼できる人に預ける

注意が必要なのは、せっかく「尊厳死宣言」を作成しても、いざというとき気づいてもらえず、無駄になってしまうことです。

延命治療が必要となるのは、緊急事態のこともあります。しかも本人の意識がもうろうとしている場合が多いので、「尊厳死宣言」を提示できない恐れがあります。

持病のある人なら、主治医やかかりつけ医にあらかじめ渡しておけると安心です。でも救急車で知らない病院に担ぎ込まれた場合、「本人の意思確認ができない」とされれば、望まない延命治療が行われてしまう可能性があります。

このため、「尊厳死宣言」を作成したら、保管場所や預ける人が重要です。確実に医師に伝えられるようなしくみを作っておくことが大切なのです。

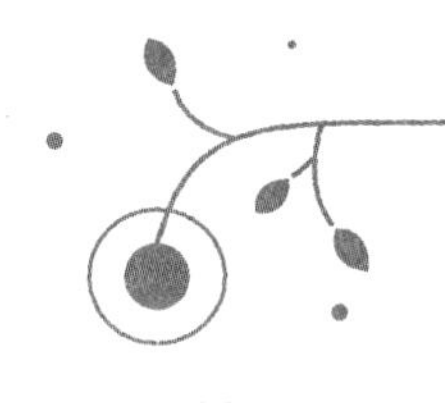

葬儀、埋葬、永代供養などを事前に指示「死後事務委任契約」

どんなに簡素な生活をしている人でも、人ひとり亡くなれば、じつに多くの煩雑な手続きが生じます。

葬儀や埋葬はもちろん、医療費、入院費の支払い、役所や金融機関への届出、クレジットカードの解約、公共サービス等の名義変更、遺品の整理や処分。住んでいたのが賃貸住宅なら賃料の支払いや明け渡し、老人ホームなら施設利用料の支払いや入居一時金の受領事務などもすみやかに行うことが求められます。

▼死後の煩雑な手続きを一切任せる

通常、これらの手続きは家族や親族が行いますが、必ずしも適任者がいるわけではありません。こうした事態に備えるのが、「死後事務委任契約」です。

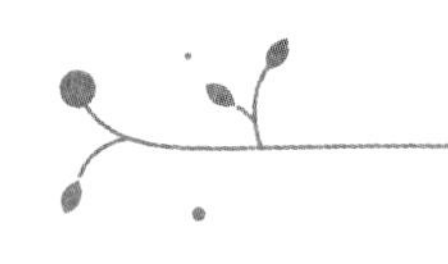

「死後事務委任契約」とは、あらかじめ信頼できる個人や法人と契約を交わしておき、自分の死後の事務処理などを任せるというものです。人によっては、樹木葬や散骨を依頼したりすることもあるでしょう。

また、お墓を守る人がいなければ、お寺に永代供養を頼んでもらうこともできます。障がいのある子の親が、片方のこされたとき、ぜひ検討することをお勧めします。

▼「死後事務委任契約」も信頼できる専門家法人に任せる

一般的に、「死後事務委任契約」は、次のような手順で行われます。

❶信頼できる葬儀業者と受任者を見つける。
❷葬儀業者と受任者が、「死後事務委任契約」の内容を検討し、希望事項のすり合わせを行う。
❸内容を確定後、公証役場と調整する。
❹公証役場で公正証書を作成する。

最近では、いわゆる「おひとりさま」が増加し、終活についての意識も高まりつつあ

ることから、死後事務を行う業者は増えているようです。

けれども、葬儀業者に依頼するということは、死後とはいえ、他人が個人のプライバシーに関わることになります。

また、遺品の整理や処分などで損害が生じたときの補償など、ときにはトラブルになるケースもあります。

「死後事務手続き」自体は、とくに資格を求められるものではありませんが、やはり未来のことを依頼することになるので、「死なない、ぼけない、つぶれにくい」をクリアできそうな法人に関わってもらったほうが安心といえるでしょう。

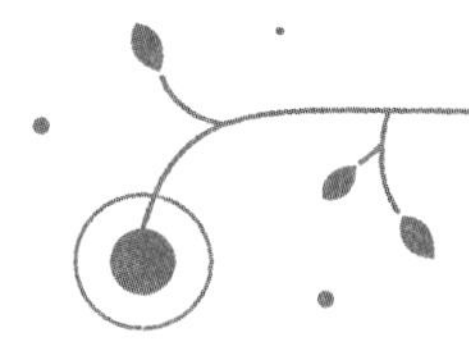

親なきあと、障がいのある子の後見人を考える

さて、親なきあと、障がいのある子だけがのこされたとき、最大の問題は「誰が面倒を見てどこで過ごすか」です。

現在の日本では、障がいのある人の生活の場は、自宅、障がい者施設、グループホームなどがあります。親なきあと、ひとり暮らしができない障がい者の場合では、施設かグループホームという選択肢が現実的かもしれません。

▼実際には支える人がいない。全員が口をつぐむテーマ

自宅を離れても、住み慣れた地域のグループホームに住み、自分を理解してくれる人とともに暮らせるのが理想です。けれども、地域のグループホームの定員にはかぎりがあり、離れたエリアの施設への入所を選ばざるを得ないケースも多いようです。

こうした現実のなかで、障がいのある子の親の多くは、将来に不安を抱いているのではないでしょうか。

多くの親御さんは、「自分なきあと、見知らぬ土地の施設で、子どもは幸せに暮らしていけるだろうか」という心配がぬぐえないまま日々を過ごしています。

日本では長いあいだ、「親なきあとの障がいのある子どもの居場所」が課題となりながら、いまだに安心できる解決策が多くないのは残念なことです。これから私たちが取り組まなければいけない重要課題です。

▼専門家に相談しながら考えをまとめていく

幸いにして、子どもの障がいのこと、療育のことを理解してくれる人がいれば、その人に娘の任意後見人になってもらうのがベストです。先に述べたように、私たち夫婦が結んだ「親心後見」のための公正証書のなかでは、「後見人である親が新たな任意後見契約を結ぶことができる」と工夫しています。

私の場合、まだ次の任意後見人として誰がいいのか、どの団体がいいのか、決められ

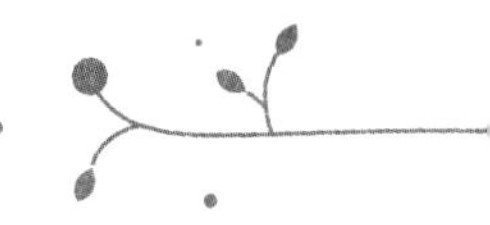

ません。

団体や法人には、複数の被後見人のお金が集まることが予想されます。団体や法人の従業員などがややもすると横領できてしまう状況は、なるべくなら作らないほうがいいでしょう。お金については、別のところが預かり、カギをかけるしくみにしておいたほうが安心です。

こうした可能性まで考え、親なきあとの問題に理解のある専門家に相談しながら、考えをまとめていくのが賢明だと考えています。

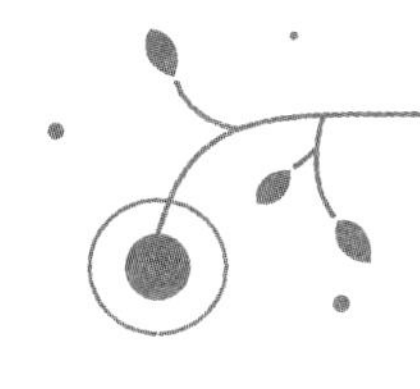

子どもなきあとも遺贈寄付でお金を世のためにいかす

さて、私たち両親なきあと、娘が亡くなったとき、娘の口座に少しでもお金がのこっていたら、そのお金はどうなるでしょうか。

今の日本では、法定相続人のいない人の財産は、民法の規定により「最終的に国庫に帰属する」ことになっています。おおまかな流れは、次のようになります。

▼何もしなければ娘の財産は国のもの？

まず、家庭裁判所によって選任された相続財産管理人が、公告によって相続人を探します。最初は2か月、それで見つからなければさらに2か月、6か月と、最終的に3回公告し、10か月かけて相続人が現れなければ、財産を処分。すべてが国庫に入ります。

このとき、相続人になれるのは、配偶者、子ども、親、兄弟姉妹とその子どもにかぎ

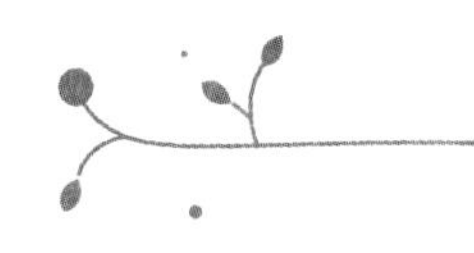

ります。前述のように、いとこは法定相続人になれないので、いとこがいても原則的に財産を相続することはできません。

銀行などの預貯金も国庫に入りますが、気づかれずにそのままになってしまった場合には、最後の取引から10年以上放置されると「休眠預金」となります。

ちなみに休眠預金は、2018年以降、NPO法人などの民間公益活動に活用されるようになっています。ただし名義人が生きていれば、手続きは煩雑になりますが、引き出し可能とされています。

▼せっかく稼いだお金だから、自分の望むことに役立ててほしい

では、娘が亡くなったあと、相続人がいない場合には、どうすればいいでしょうか。

何もしなければ、前述のように国に没収される……これについてはさまざまな意見があります。

「どうせ使わないのだから、どうなってもかまわない」という意見や、「障がいのある子は、ほとんど税金を払っていないのに、国の制度を何十年も使わせてもらったのだか

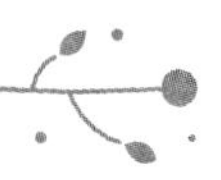

ら、余ったものはお返しすればいい」という意見も。
もちろん、いろいろな考え方があっていいと思います。否定はしません。ですが、私個人としては、国の予算の一部として使われるよりも、自分の思いを直接どこかに託したい、と思います。せっかく私が自分で稼いだお金なのだから、本当に望むこと、社会がよりよくなることに、財産ののこりを役立ててほしいと思うのです。

▼思いをお金に託し、社会貢献できる遺贈寄付

そこで私が提案したいのが「遺贈寄付」です。

遺贈寄付とは、遺言によって遺産の全部または一部を、法定相続人以外の人や法人、団体に譲ることをいいます。

私は、娘が亡くなったあとの財産について、遺言や信託のしくみを使って遺贈寄付することを考えています。何も指定しなければ国庫に入ってしまいますが、遺贈寄付にすれば、私が支援したい団体に寄付ができ、有効に役立ててもらえます。

遺贈寄付では、あるご高齢のご婦人が、億単位のお金を東日本大震災の復興のために

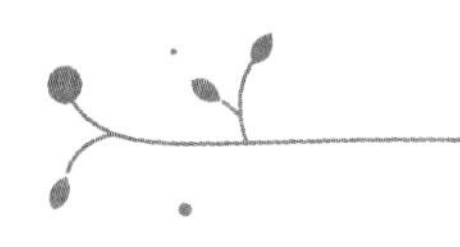

遺贈寄付する内容の遺言作成をサポートした事例があります。寄付先は国内にかぎりません。世界の子どもたちのために「セーブ・ザ・チルドレン」に寄付する人もいれば、「国境なき医師団」に渡してほしいという人もいます。盲導犬協会や、犬の殺処分をなくす活動をするＮＰＯ法人、「日本対がん協会」など、それぞれの方がそれぞれの思いを胸に、遺贈寄付先を決めています。

▼生命保険信託を結び、遺贈寄付ができるようにする

遺贈寄付の方法ですが、**障がいのある子には遺言を作ることが難しいかもしれないので、子どもに相続人がいない場合には、親が元気なうちにしくみを整えておく必要があります**。

私が用いたのは、第3章でお話しした生命保険信託（Ｐ99）です。

私の死後、保険金はすべて生命保険信託が預かり、妻のところには毎月、決まった金額が振り込まれるようにしてあります。そして妻なきあとは、娘の口座に振り込まれるようにし、娘が亡くなったあとは、まだのこっていればすべて指定した公益法人に遺贈

してもらうことになっているのです（なお、私の死後には、妻に財産が渡りますので、妻も私同様に寄付をしたい旨の遺言を作る必要があります）。

このようなしくみをもつ生命保険信託を扱っている会社はかぎられているので、依頼する際には中身をきちんとチェックしてください。

遺贈寄付をするときには、自分も家族もこの世にはいません。けれども、少しでもお金を役立ててもらうことができれば、私たちの思いが生きることになります。

いわば遺贈寄付は、人の気持ちを未来につなげてくれるもの。私はそう考えています。

おわりに

今年、私の娘は17歳を迎えました。

ダウン症という障がいをもって生まれ、現在、足し算引き算は苦手ですし、針の時計を読むことはできません。

しかし、風呂場からはいつもYou Tubeで覚えた好きな歌を熱唱する娘の声が聞こえてきます。リビングにいると、恋愛ドラマを見ながらうれしそうに折り紙を折って私に渡してくれます。食事時には台所に立ち、妻を手伝います。好き嫌いは少なく、自分で作ったものを平らげ、食器を洗って片づけます。そして夜になると、明日着る衣服をたたんで、枕元に整えてから床に就きます。

娘はとても健やかに、日々を過ごしているのです。

17年前、地元の福祉会館の親子教室で、娘とほかのダウン症の赤ちゃんたちが一緒になって転がっていた様子を思い出します。

あの頃はどの子もそれほど大きな差はなかったように思います。そこから17年経ち、皆どう成長しているでしょう。誰もが健やかに、とはいかないはずです。娘がこんなふうに成長してくれたのは、妻が決してあきらめなかったおかげだと感じています。

妻は、娘がどんな食材をどんな調理法で食べたら丈夫に育つか、どんな方法で勉強させたら知能が伸びるか、熱心に調べ、必死で試しました。

現在、妻は料理教室を開くまでになり、知的障がいだけでなく、発達障がいや健常なお子さんの親御さんも、わが家に集うようになりました。

「ママはいつまでも生きていないんだからね!」

というのが妻の口癖です。

自分がいなくなっても、ごはんをたき、おかずを作り、栄養バランスのよい食事をとり、後片づけもできるように、と、娘は妻に手をかけられて育ちました。

親の仕事とは何でしょうか。私は、子どもに生きのびる術を教えることだと、考えています。どんな状態であれ、わが子が幸せに生きていけるようにすること。障がいのある子の親にとって、それは一生の仕事なのです。

誰でも命は尽きます。多くは歳の順に死ぬ。だとしたら、親がいなくなることを前提に、子どもが生きのびるためのプランを立てなければなりません。

娘は、妻の努力のかいもあり、さまざまなことができるようになりました。それでもどうしようもないことはあります。契約を交わしたり、公正証書を作ったり、財産を管理したりすることはできないのです。

30年後、世のなかがどうなるかは誰にもわかりません。私は自分が死んだあとに、妻と娘が路頭に迷うのは耐えられないと思いました。

起こりうる困難を先読みし、時代や状況の変化に対応できるだけの柔軟な財産管理の対策を打とうと決めたのです。

本書でご紹介した内容の多くは、私が妻と娘のために自ら実践したことです。他人から見たら、私のやったことは、ヒマラヤの山頂で洪水を恐れ、方舟（はこぶね）を作るような滑稽なことかもしれません。私は、笑われたってかまいません。妻が娘をあきらめなかったように、私も決してあきらめず、妻と娘のためにできることはすべてやりたい。そして同じ悩みを抱える、障がいのある子をもつ親御さんに伝えたいと思い、この本を記しました。

本書が皆さんの「ノアの方舟」となることを願ってやみません。

一般社団法人日本相続知財センター本部専務理事
鹿内幸四朗

相談したいときは……

一般社団法人日本相続知財センター本部では、知的障がいのある子の相続対策を始め、相続に関する相談に応じています。必要な手続きやそのために適した専門家をコーディネート。相続手続きのプロセスに応じて税理士、弁護士、司法書士、社会保険労務士、行政書士らが対応します。さらにはファイナンシャルプランナーや相続知財鑑定士などの専門家も紹介しています。

心配なわが子の親なきあとの『お金』の相談室

著者の『専門用語を使わない!!　16歳～19歳未成年の障がいのある子の親なきあとの「お金」の話』の動画レクチャーを見ることができます。動画を見て「わが家の場合はどうしたらいいの？」と思われた方は、無料個別相談のフォームより相談を申し込むことができます。相談は電話、zoomを利用したテレビ電話などでも対応しています。

ご相談のお申し込みは
こちらのQRコードから

【URL】 https://peraichi.com/landing_pages/view/oyagokoro200523

■一般社団法人日本相続知財センター本部

【URL】 https://souzoku-chizai.or.jp/

〒103-0027　東京都中央区日本橋3-6-2
日本橋フロント1F（2020年10月より）
0800-00-08556

障がいのある子の 親なきあとについて

「親心の記録®」を配布中

障がいのある子どもが、親が亡くなっても適切な支援を受けられるようにするため、必要な情報を書き込める冊子を無料で配布しています。本人の基礎情報や突発的なトラブルが起きたときの連絡先、リスクの高い疾患に関する情報などを書き込めるほか、現在の状況が分かる書類や医療・福祉サービスを受けるための手帳などのコピーをそのまま貼ることもできます。

累計印刷数は 37 万部を突破(2020 年 7 月現在)。

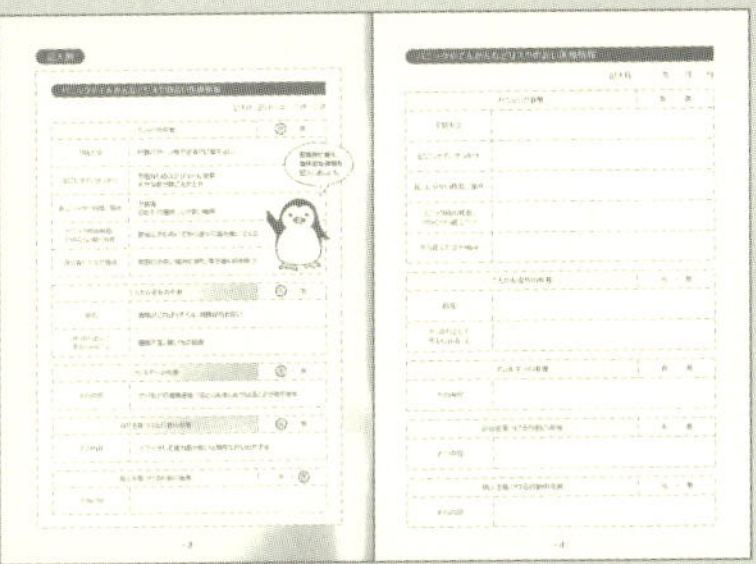

冊子の左頁が見本、右頁が実際に記入できるようになっている。

「親心の記録」について・お申し込み

冊子配布のお申し込みはこちらのQRコードから

【URL】 https://yukari-tokyo.jp/about-us/society/parent/oyagokoro-no-kiroku/

【問い合わせ先】 日本相続知財センター本部・親心の記録係

【MAIL】 jimukyoku@souzoku-chizai.or.jp

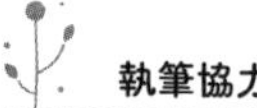

執筆協力

仙波英躬（弁護士）
法律事務所羅針盤【URL】https://law-rashimban.com/

小幡朋弘（弁護士）・京谷 周（弁護士）
弁護士法人PLAZA総合法律事務所【URL】http://www.oota-law.com/

武石朋子（行政書士）
一般社団法人日本相続知財センター本部

友田純平（司法書士）
司法書士法人ソレイユ、一般社団法人実家信託協会

障害のある子が「親なき後」も幸せに暮らせる本
ダウン症の娘をもつ「相続のプロ」が明かす財産管理のしくみ

2020年8月31日　初版発行

著　者……鹿内幸四朗
監修者……杉谷範子
発行者……大和謙二
発行所……株式会社大和出版
東京都文京区音羽1-26-11　〒112-0013
電話　営業部03-5978-8121／編集部03-5978-8131
http://www.daiwashuppan.com
印刷所……誠宏印刷
製本所……ナショナル製本協同組合
装幀者……森 裕昌（森デザイン室）
装画者……小林あきこ

ISBN 978-4-8047-1867-5